Manfred Belok · Ulrich Kropač (Hrsg.)

Seelsorge in Lebenskrisen

T V Z

Manfred Belok
Ulrich Kropač (Hrsg.)

Seelsorge in Lebenskrisen

Pastoralpsychologische, humanwissenschaftliche
und theologische Impulse

EDITION **N Z N**
BEI **T V Z**

Theologischer Verlag Zürich

Forum Pastoral 3

Die Deutsche Bibliothek – Bibliografische Einheitsaufnahme
Die Deutsche Bibliothek verzeichnet diese Publikation in der Deutschen Nationalbibliografie;
detaillierte bibliografische Daten sind im Internet über <http://dnb.ddb.de> abrufbar.

ISBN 978-3-290-20032-9

Umschlaggestaltung: Simone Ackermann, Zürich
Satz und Layout: Claudia Wild, Stuttgart
Druck: ROSCH-BUCH GmbH, Scheßlitz

© 2007 Theologischer Verlag Zürich
www.tvz-verlag.ch

Inhaltsverzeichnis

Autoren und Herausgeber

Giosch Albrecht, Dr. phil., Gründer und langjähriger Leiter des Instituts für Logotherapie und Existenzanalyse nach Viktor E. Frankl in Chur.

Isidor Baumgartner, Dr. theol. habil., Dipl.-Psych., Jahrgang 1946, Professor für Christliche Gesellschaftslehre und Caritaswissenschaften an der Katholisch-Theologischen Fakultät der Universität Passau.

Manfred Belok, Dr. theol., Jahrgang 1952, Professor für Pastoraltheologie und Homiletik an der Theologischen Hochschule Chur (THC) und Leiter des Pastoralinstituts der THC.

Ulrich Kropač, Dr. theol. habil., Jahrgang 1960, Professor für Didaktik der Religionslehre, für Katechetik und für Religionspädagogik an der Katholischen Universität Eichstätt.

Hermann Stinglhammer, Dr. theol. habil., Professor für Dogmatik und Dogmengeschichte an der Katholisch-Theologischen Fakultät der Universität Passau.

Urs Christian Winter, Dr. theol., lic. phil., Jahrgang 1972, Pastoralassistent in St. Gallen.

Hans Ziegler, Psychoanalytiker SGST, Psychotherapeut SPV, Schlieren ZH.

Josef Zimmermann, Dipl.-Theol., Pastoralreferent, Religionslehrer und Krisenseelsorger im Schulbereich, Altötting.

Vorwort

Am 16. und 17. Mai 2006 fand im Schweizer Jugend- und Bildungszentrum (SJBZ) in Einsiedeln eine Tagung zum Thema «Begleitung von Menschen in Lebenskrisen. Humanwissenschaftliche und pastoralpsychologische Ansätze in der seelsorgerlichen Gesprächsführung» statt. Der Kongress wurde vom Pastoralinstitut der Theologischen Hochschule Chur initiiert und organisiert; die Leitung lag in den Händen von Prof. Dr. Manfred Belok und Prof. Dr. Ulrich Kropač.

Bei der Auswertung der sehr gut besuchten Veranstaltung wurde von den Teilnehmerinnen und Teilnehmern wiederholt der Wunsch geäußert, dass ihnen die Manuskripte der gehaltenen Vorträge für eine spätere «Relektüre» zur Verfügung gestellt würden. Der vorliegende dritte Band der Reihe «Forum Pastoral» erfüllt diesen Wunsch – und stellt ihn zugleich in einen größeren Rahmen. Die Aktualität des Tagungsthemas ließ es angebracht erscheinen, den Kongress nicht nur für die Teilnehmerinnen und Teilnehmer zu dokumentieren, sondern seine Ergebnisse einem möglichst großen Kreis von Interessenten in Buchform zugänglich zu machen: Priestern, Diakonen, Pastoralen Mitarbeiterinnen und Mitarbeitern – kurz allen, die im seelsorgerlichen Bereich tätig sind.

Die ins Auge gefasste Publikation sollte neben den Vortragstexten weitere Beiträge aufnehmen, die in einem engen Zusammenhang mit dem Thema des Kongresses stehen und dort nicht angesprochene Aspekte beleuchten. Auf diese Weise ist ein Band entstanden, der das Thema «Seelsorge in Lebenskrisen» facettenreich entfaltet: perspektivisch, indem pastoralpsychologische, humanwissenschaftliche und theologische Impulse aufgenommen werden; bereichsspezifisch, indem etwa krisenhafte Ereignisse im Raum der Schule oder das Zerbrechen von Ehen als besondere Herausforderungen für die Seelsorge aufgegriffen werden.

Aus der Feder von *Prof. Dr. Isidor Baumgartner* stammen zwei Beiträge. Der erste stellt pastoralpsychologische Leitlinien vor, die Seelsorgerinnen und Seelsorgern Hilfen für eine kompetente Beratung in Lebenskrisen an die Hand geben wollen. Der zweite kreist um das Konzept der personenzentrierten Gesprächsführung. Dieses ist ein wichtiges Instrument in der seelsorgerlichen Begleitung von Menschen, weil es, ohne professionelle psychotherapeutische Kompetenz anzuzielen, Seelsorgerinnen und Seelsorger in die Lage versetzt, Menschen in Konflikt- und Krisensituationen auf konstruktive Weise begleiten zu können.

Dr. Giosch Albrecht hat einen Artikel beigesteuert, der das seelsorgerliche Gespräch aus der Perspektive der von Viktor Frankl begründeten Logotherapie reflektiert. Die Logotherapie ist eine ressourcenorientierte Psychotherapie. Sie zielt auf die Entdeckung der im Unterbewussten und im Unbewussten schlummernden geistigen Kräfte, die zu Heilzwecken bewusst gemacht werden sollen.

Pendant hierzu sind Überlegungen von *Hans Ziegler*. Er stellt den tiefenpsychologischen Ansatz in der Krisenintervention vor, erläutert die Rolle des Unbewussten, die Bedeutung von Krisen und von Übertragungen und zeigt konkrete Möglichkeiten der Krisenintervention auf.

Während die Artikel von *I. Baumgartner, G. Albrecht* und *H. Ziegler* unmittelbar aus der Mitarbeit an der oben genannten Tagung hervorgegangen sind, hat *Dr. Urs Winter* speziell für diesen Band einen Beitrag verfasst. Darin erörtert er das Ziel einer Krisenseelsorge als Praxis der Nachfolge Jesu und stellt ein eigenes Modell eines pastoralen Kriseninterventionskonzeptes bei der Bewältigung kritischer Lebensereignisse vor.

Aus einer Fortbildungsmaßnahme des Pastoralinstituts zum Thema «Wenn der Tod die Schule betritt. Krisenseelsorge im Schulbereich sucht einen Weg durch Entsetzen und Trauer» am 19. und 20. Juni 2006 in Chur ist der Aufsatz von *Josef Zimmermann* erwachsen. War ursprünglich ein Termin geplant, musste aufgrund der großen Nachfrage die Veranstaltung kurzfristig ein zweites Mal angeboten werden: ein Hinweis darauf, dass Lehrkräften das Thema auf den Nägeln brennt. *J. Zimmermann* beschreibt Möglichkeiten, wie Lehrerinnen und Lehrer ihre Handlungskompetenz entwickeln können, damit sie bei krisenhaften Ereignissen in der Schule (wie zum Beispiel beim Tod eines Mitglieds der Schulfamilie) in der Lage sind, kompetente Begleitung und Hilfe anzubieten.

Einem weiteren speziellen Feld der Krisenintervention, das dauerhaft im Brennpunkt der Seelsorge steht, widmet sich der Beitrag von *Prof. Dr. Manfred Belok*, der eigens für diesen Band verfasst wurde. *M. Belok* beschreibt in seinem Artikel «Wenn Ehen zerbrechen…» die pastorale Herausforderung der Seelsorger und Seelsorgerinnen und erörtert die Möglichkeiten pastoraler Begleitung im Bemühen um einen lebens- und glaubensförderlichen Umgang mit Menschen in Trennungs- und Scheidungssituationen.

Seelsorge ist konkreter Dienst am Menschen – im Namen Gottes. Deshalb ist es wichtig, das theologische Fundament seelsorgerlichen Tuns zu bedenken. Anregende Überlegungen hierzu finden sich in der Abhandlung von *Prof. Dr. Hermann Stinglhammer.* Er nimmt eine theologische Verortung der kirchlichen Ehe-, Familien- und Lebensberatung im Horizont der Enzyklika «Deus Caritas est» Benedikts XVI. vor.

Am Schluss dieses Vorworts sagen die beiden Herausgeber Dank: zunächst den Autoren, die für die Publikation ohne finanzielle Entschädigung ihre Manuskripte zur Verfügung gestellt haben; dann Herrn Andreas Diederen, Lektor des Theologischen Verlags Zürich (TVZ), der die Entstehung des Bands mit großer Sorgfalt begleitet hat; schließlich jenen Institutionen, die überhaupt erst den finanziellen Rahmen für das Erscheinen des Buches durch namhafte Druckkostenzuschüsse geschaffen haben: der Römisch-katholischen Zentralkommission des Kantons Zürich sowie der Katholischen Landeskirche von Graubünden.

Der Band erscheint, so war es der Wunsch der Herausgeber, pünktlich zum 200-jährigen Jubiläum des Priesterseminars St. Luzi in Chur und des mit ihm verbundenen «Studium Theologicum», Ursprung der Theologischen Hochschule Chur. Der Gedenktag lädt ein, sich der geschichtlichen Wurzeln einer Institution zu vergewissern, deren Ziel es war und ist, Seelsorgerinnen und Seelsorger auf ihren Dienst vorzubereiten. Er soll aber auch dazu anregen, über die Aufgaben von Seelsorgerinnen und Seelsorgern in der Zukunft nachzudenken. Dazu gehört mehr denn je eine «Seelsorge in Lebenskrisen». Möge der vorliegende dritte Band der Reihe «Forum Pastoral» all jenen, die sich dieser Herausforderung jetzt oder künftig stellen, eine Hilfe sein in ihrem Dienst an Menschen um Gottes willen.

Chur, im Oktober 2007

Prof. Dr. Manfred Belok   Prof. Dr. Ulrich Kropač

9

Menschen in Lebenskrisen seelsorglich begleiten

Pastoralpsychologische Leitlinien

Isidor Baumgartner

Am 6. Mai 1856 wurde im mährischen Freiberg Sigmund Freud geboren, also vor ziemlich genau 150 Jahren. Er gilt als der Begründer der modernen, psychologisch fundierten Beratung. Bezeichnenderweise charakterisiert er, der entschiedene Religionskritiker, seine «Redekur», wie er seine beratende Therapie anfangs nannte, in einem Brief an den Schweizer Pfarrer Oskar Pfister mit den Worten: «Was wir (Analytiker) so tun ist Seelsorge im besten Sinn!»[1] Auch wenn sich seit diesen Anfängen die psychologischen Beratungskonzepte und -methoden vielfach von der Psychoanalyse abgekoppelt, vermehrt und differenziert haben, zum Teil in scharfer Frontstellung gegen die Psychoanalyse, so steckt in diesem Diktum für die Theologie doch die bleibende Herausforderung, Beratung, Psychotherapie und Psychologie in ihren Gemeinsamkeiten und Differenzen zur Seelsorge und Theologie hin zu bedenken. Die Psychologie für die Pastoral so fruchtbar zu machen, dass die Seelsorge selbst «Seelsorge im besten Sinn» ist, das ist die Aufgabe der Pastoralpsychologie. Welche Leitlinien empfiehlt eine solche Pastoralpsychologie den Seelsorgerinnen und Seelsorgern für eine gute Beratung in Lebenskrisen?

1   Seelsorgliche Beratung ist nicht Missionierung, sondern diakonische Tatsprache des Evangeliums

In jedem Leitbild einer kirchlichen Beratungsstelle, die auf sich hält, liest man in Variationen die Maxime: Wir sind für alle offen! Auch jedes Pfarramt würde es unterschreiben. Dennoch findet sich bei manchen Ratsuchenden die

---

1   *Freud,* Werke 293. Vgl. auch *Freud/Pfister,* Briefe 13, wo Freud nicht ohne Selbstironie ausführt: «Ich bin sehr frappiert, dass ich selbst nicht daran gedacht habe, welche außerordentliche Hilfe die psychoanalytische Methode dem Seelsorger leisten kann, aber es geschah wohl, weil mir bösem Ketzer der ganze Vorstellungskreis so ferne liegt.»

Schwellenangst, dass man «bei Kirche» moralische und religiöse Vorleistungen erbringen müsse oder gar «missioniert» werde. Die kirchlichen Beratungsstellen haben solchem missionarischen Ansinnen immer erfolgreich widerstanden. Sie haben sich für die Rekrutierung von Mitgliedern, die Vermittlung von Glaubenswissen, die moralische Indoktrination und jede Art der Verkirchlichung ihrer Klienten bis zum heutigen Tag in der Regel nicht instrumentalisieren lassen. Davon kann auch die Seelsorge lernen. In den professionellen kirchlichen Beratungsstellen wirkt vermutlich jenes von Sigmund Freud aufgestellte therapeutische Abstinenzgebot nach, der Analytiker habe sich weltanschaulicher Unterweisung zu enthalten. Der Analysand soll nicht zum Adressaten der bewussten, noch weniger der unbewussten Einstellungen und Motive des Beraters werden. Er soll nicht über solche Gegenübertragungen in neue Abhängigkeiten, in neue Über-Ich-Muster geraten. Es wäre aus dieser Sicht ein handwerklicher Kunstfehler, wollte der Berater den Klienten von seinen religiösen Einstellungen überzeugen oder ihn als Kirchenmitglied gewinnen. Dem Abstinenzgebot widerspricht es freilich nicht, in einer Beratung Sinnfragen zu besprechen.

Aber auch theologisch erscheint es unstatthaft, Beratung zur Missionierung zu benutzen. Beratung ist zuallererst und ausschließlich ein Arrangement, persönliche Probleme lösen zu helfen. Sie hat die Not des Ratsuchenden zu mildern und nicht die Not der Kirchen. Mit dem Missionierungsparadigma würden in die Beratung sekundäre Interessen hineingetragen, die mit der Idee des christlichen Helfens als einer uneigennützigen Zuwendung nicht in Einklang zu bringen sind. «Die Liebe (Caritas) ist umsonst; sie wird nicht getan, um damit andere Ziele zu erreichen», sie darf «nicht Mittel für das sein, was man heute als Proselytismus bezeichnet»,[2] so stellt Papst Benedikt XVI. in seiner ersten Enzyklika für die Caritas und damit implizit für die seelsorgliche Beratung klar.

2 Seelsorgliche Beratung ist auf einen theologisch erweiterten Reflexionshorizont bezogen

Beratung theologisch zu bedenken, ist auf den ersten Blick wenig praktisch. Es erbringt keine neuen Interventionsstrategien. Theologische Reflexion lädt vielmehr zu einem gedanklichen Experiment ein: Wie zeigt sich Beratung,

---

2 *Papst Benedikt XVI.*, Deus caritas est 47.

wenn man sie durch die Folie eines christlichen Menschenbildes betrachtet? Solches Nachdenken über die Beratung erweitert ihren Horizont, fragt nach ihrem Grundverständnis, ihren expliziten und impliziten Zielen, ihren Interessen und Leitbildern. Theologie stellt die Menschenbilder von Beratungskonzepten auf den Prüfstand und fragt, wie sich christliches Lebenswissen mit den praktizierten Methoden verträgt. Sie bietet den Beraterinnen und Beratern einen Rahmen, ihre Einstellungen und Motive in der Beratung zu überprüfen. Hier weisen die psychologischen Konzepte der Beratung vielfach eine Leerstelle auf.

Dass Beraterinnen und Berater ihr Handeln mit den Kategorien und Kriterien der Psychologie, der Psychotherapie und neuerdings auch der Neurowissenschaft[3] reflektieren, liegt auf der Hand und ist Ergebnis der Professionalisierung und Säkularisierung des Helfens. In ihrem Gefolge ging man jedoch weitgehend auf Distanz, soziale Praxis, also auch Therapie und Beratung, weltanschaulich-philosophisch tiefer zu betrachten und zu begründen. Der Diskurs um die der Beratung innewohnenden Menschenbilder wurde kaum geführt. Das Interesse galt den Methoden und ihrer Wirksamkeit, nicht so sehr den Zielen von Beratung, nicht so sehr ihren Grenzen, nicht so sehr den latenten Motiven und Interessen, auch nicht der Religiosität der Berater selbst und den damit verbundenen unterschwelligen Botschaften. Sie teilen sich aber in der Beratung unweigerlich mit und imprägnieren den wichtigsten Faktor einer Beratung: die Beziehung zum Ratsuchenden.

So betrachtet, ist es nicht unerheblich, auf welches Bild vom Menschen man sich letztlich als Beraterin/Berater oder als Seelsorgerin/Seelsorger bezieht. Es ist z. B. nicht unerheblich, ob man sich etwa am antiken Ödipus-Mythos mit seiner tragisch-heroischen Lebensphilosophie orientiert, wie dies Sigmund Freud tut. Er vertrat ja letztlich eine wenig optimistische und zugleich sehr heroische Sicht vom Menschen, die er aus der antiken hellenistischen Mythologie und Philosophie bezog. Die Stoa wurde für den Agnostiker Freud eine Ersatzreligion. Man müsse der Wahrheit von der unentrinnbaren Tragik des Lebens standhaft, wie die Helden des Mythos, ins Auge schauen. Marc Aurel, der Philosoph auf dem Kaiserthron, sprach ihm aus der Seele: «Du musst sein wie ein Fels in der Brandung, an dem alle Wogen zerbrechen.» Man soll – ganz auf der Spur der stoischen Tugendlehre – «das Seinige tun», dem Notwendigen nicht seine Zustimmung versagen, so wie es Seneca in einem Aphorismus ausdrückt: «Wenn du einwilligst, führt dich das Schicksal,

---

3 Vgl. *Grawe,* Neuropsychotherapie.

wenn nicht, zwingt es dich!» Ein hoher ethischer Anspruch, aber auch ein fröstelnder Hauch von Untröstlichkeit liegt über diesem Menschenbild.
Heroisches Aushalten ist verlangt.[4]

Es ist nicht unerheblich, ob man das persönliche, einen Namen tragende
Gesicht des Ratsuchenden als Fall verobjektiviert, wozu die empirisch-wissenschaftlichen Prämissen verleiten. Bei all den hilfreichen Erkenntnissen dieses
Paradigmas könnte es mit seiner Tendenz der quantifizierenden Berechnung,
der Abstraktion vom Einzelfall subjektiv erlebtes Leid gesichtslos machen.
Praktiker, die sich nur an ihm orientierten, würden dazu verleitet, die Klage
und Anklage, den Appell und die Kritik, die jede persönliche Not kundtut, zu
überhören. Ist doch solche wissenschaftliche Hinsicht manchmal mehr an
Theorien über das Leid und weniger am Leidenden selbst interessiert.

Es ist nicht unerheblich, ob man nur Stoffwechselstörungen, neuronale
Fehlschaltungen, Reparaturbedürftigkeit und Defizite diagnostiziert, wozu
rein neurowissenschaftlich ausgerichtete Therapie und Beratung tendieren
könnten. Die Störungen in den physiologischen Prozessen gelten hier als vorwiegend durch chemisch-physikalische Eingriffe behebbar. Eine technokratische und selektive Hinsicht auf die Person ist dann vorherrschend. Beim Verstehen von Krankheit und Gesundheit mangelt es an einer Zusammenschau
der somatischen mit den psychischen, sozialen, biografischen und religiösen
Dimensionen der Person.

Es ist nicht unerheblich, ob man den Ratsuchenden nur als Kunden und
sich selbst als Anbieter einer in Geldwert verrechenbaren Dienstleistung versteht. Dann haben große Versprechungen, Instant-Therapien und einfache
Rezepte ebenso Konjunktur wie eine langfristige «Kundenbindung».

Es ist nicht unerheblich, ob im «Familienstellen» einem normativen Biologismus entstammende «Ordnungen der Liebe»[5] die Richtung weisen. Die von
Bert Hellinger entwickelte Methode enthält so z. B. patriarchalistische Maximen, wie: Die Frau habe sich dem Manne unterzuordnen, die älteren
Geschwister hätten Vorrang vor den Jüngeren, die Kinder aus einer ersten Ehe
Vorrang vor denen aus zweiter Ehe etc. Es ist deshalb nachvollziehbar, wenn
viele Beraterinnen und Berater die zur Problemaktualisierung hilfreiche
Methode des «Aufstellens» zwar praktisch nutzen, aber von ihrem ideologischen Patriarchalismus Abstand nehmen.

---

4 Vgl. *Baumgartner,* Pastoralpsychologie 369–372.
5 *Hellinger,* Ordnungen.

Es ist nicht unerheblich, ob man allein auf die eigenen inneren Kräfte des Klienten und seines Familiensystems setzt und als Therapieziel die «voll funktionierende Person»[6] vor Augen hat, wie das die personzentrierte Therapie und Beratung von Carl Rogers tut. Er setzt darauf, dass jedwedes Leid durch Selbstexploration aus der Welt zu schaffen sei.

Es ist schließlich nicht unerheblich, ob man annimmt, dass die Fragen nach dem Sinn des Lebens, nach Verantwortung und Schuld, nach dem Fragmentarischen der Biografie, nach Sterben und Tod für das Beraten irrelevant sind, wie das eine verhaltenstherapeutisch orientierte Beratung lange praktiziert hat.

Die Reflexionshorizonte ausweiten, ist angesagt, ein Vorschlag, der auch aus dem psychologischen Beratungsdiskurs kommt und sich zunehmend Gehör verschafft.[7] Was kommt in Blick, wenn man das Verständnis von Beratung theologisch ausweitet?

3 Das «Urbild» von seelsorglicher Beratung findet sich im heilend-befreienden Handeln Jesu

In der Sicht der Praktischen Theologie hat letztlich alles seelsorgliche und diakonische Handeln, zu dem auch die Beratung zählt, ihren Ursprung und ihr Urbild in der heilend-befreienden Praxis Jesu selbst. Ohne diese in jeder Zeit neu zu leistende selbstkritische Rückbindung auf den Anfang kann sich das Handeln der Kirchen, der Christen, der Seelsorgerinnen/Seelsorger und Beraterinnen/Berater in kirchlichen Einrichtungen auf Dauer nicht als christlich legitimieren. Dabei geht es nicht darum, die Bibel als ein psychotherapeutisches Lehrbuch oder eine Handlungsanweisung für die seelsorgliche Beratung heute zu lesen. Vielmehr kann man sich in ihr über die Zielrichtung, über wünschenswerte Motive und Einstellungen beim Beraten vergewissern. In der Praxis Jesu begegnet ein Bild vom Menschen, das zeitlos gültig der Beziehung zwischen Helfer und Hilfsbedürftigen, damit auch zwischen Berater und Ratsuchenden, Maßstab und Richtung geben kann:

– Jesu Heilen beginnt mit dem Wahrnehmen von Not. Er ist der barmherzige Samariter (Lk 10,25–37), dem die Kränkung des Andern an «die Nieren

---

6 *Rogers,* Gesprächstherapie.
7 Vgl. *Hutter,* Beratung und Therapie 137–143.

geht», wie es in wörtlicher Übersetzung vom barmherzigen Samariter gesagt ist. Jesu heilendes Handeln geschieht als Barmherzigkeit, als unmittelbares Helfen «aus dem Bauch heraus», weil die Not des Andern einem den Magen umdreht.

- Wenn Jesus heilt, so geschieht dies nicht nach Art einer Fernheilung. Vielmehr ist es ein personales, beziehungsdichtes Geschehen. Es gibt bei ihm keine Gesundung an Leib und Seele ohne wirkliche Begegnung. Die Evangelien berichten sehr ausführlich, wie Jesus mit den Kranken oder Behinderten in Beziehung tritt, sie anspricht und berührt. Sein kommunikatives Heilungshandeln gibt verlorenes Ansehen zurück, holt aus der Exkommunikation und entzündet Hoffnung, indem es die entscheidende Ressource – Gottes Einstehen – ins Spiel bringt.

- Jesu heilende Praxis führt ohne Umwege an den wunden Punkt, wie in der Begegnung mit dem reichen Jüngling (Mt 19,12) oder mit der Frau am Jakobsbrunnen (Joh 4,1–26) geschildert. Indem Jesus empathisch-anfragend einlädt, sich den Verweigerungen, Enttäuschungen und Hoffnungspotenzialen der eigenen Geschichte zu stellen, provoziert er zum wahren Leben. Er ist ein Meister der «Fokal-Therapie».

- Jesus zeigt keine Berührungsangst (Mk 5,27). Er berührt und lässt sich berühren, auch wenn dies im jüdischen Kulturkreis als entwürdigend gilt und man sich dabei das Odium der Unreinheit zuzieht. Er nimmt es in Kauf, weil ihm die Zuwendung zum Ausgegrenzten über alles geht, auch über «heilige Ordnungen».

- Jesu Heilungspraxis ist individuell. Nicht allen wird dasselbe gesagt oder zugemutet. Der Geheilte von Gerasa (Mk 5,19) etwa wird nach Hause geschickt. Andere werden aufgefordert, ihr Haus zu verlassen und sich ihm anzuschließen.

- Die Menschenwürde geht für ihn den Ordnungen vor, wie an der Heilung des Mannes mit der verdorrten Hand gezeigt. Mehr noch, er geht gegen inhumane Strukturen und Verhältnisse in Gesellschaft, Kultur und Religion an. Er sieht seine Aufgabe darin, der Gerechtigkeit Gottes, die jedem Menschen die gleiche Würde zuspricht, zum Durchbruch zu verhelfen. Er wird zum Anwalt der Ausgegrenzten und an den Rand Gedrängten.

- Jesus leistet sich keine Rede vom Heil ohne heilende Tat. Er teilt seine Botschaft zuerst in Tatsprache, in kommunikativen Handlungen, die es in sich haben, mit.

- Jesus heilt ohne Hintergedanken und Eigeninteressen. Das Mensch-Sein-Können des Andern, seine Würde und nichts sonst sind handlungsleitend.

16

Da soll nichts bewiesen, niemand für übergeordnete Zwecke vereinnahmt werden.

- Wer wie Jesus heilt, riskiert Kopf und Kragen. Seine Parteilichkeit für die Deklassierten macht ihn selbst zum Außenseiter. Die Leute lachen ihn aus (Mt 9,24), man sagt ihm nach, mit dem Teufel unter einer Decke zu stecken (Mt 9,34), und schließlich beschließt man, ihn umzubringen (Lk 6,7). Wer wie Jesus heilt, tritt eine Karriere nach unten an.

- In Jesu Heilungen ist von Gott explizit nicht immer sehr viel die Rede. Und doch ist alles auf ihn hin transparent. Fast scheint es, als ob seine Heilungsmaxime lautet: Je mehr Menschlichkeit, umso mehr wird der Blick frei auf den nahen und mitgehenden Gott! Mit anderen Worten: Wer heilt, Barmherzigkeit und Gerechtigkeit übt, spricht wahr von Gott!

Solche Kriterien geben Impulse für das Profil einer beratenden Seelsorge heute. Vor allem beugen sie einer Banalisierung des Helfens vor. Jesu Heilen zielt nicht auf eindimensionale Beseitigung gesundheitlicher Defizite, auf blanke Wirklichkeitsertüchtigung, sondern opponiert gegen billiges Arrangement mit der Alltagsroutine, scheucht aus der Beruhigung in der Normalität des Alltags auf, legt verfehltes Leben offen und lädt ein, die Chancen zu einem neuen, besseren Leben zu ergreifen. Er knüpft dabei an den immer noch vorhandenen Hoffnungsfunken auf ein besseres Leben an und zögert nicht, solche Sehnsucht nach Befreiung und Heilung mit «Glaube» zu bezeichnen: «Dein Glaube hat dir geholfen!» (Mk 5,34).

Es ist zudem für die seelsorgliche Beratung daraus zu lernen, dass es sich bei den Heilungen Jesu immer um Ereignisse der Gottesnähe handelt. Indem er Not wahrnimmt, keine Berührungsangst zeigt, dem Ausgegrenzten Ansehen gibt, Empathie und Gerechtigkeit übt, öffnet sich ein Fenster der Gottesnähe.

4 Ein christliches Leitbild von seelsorglicher Beratung setzt bei den Dimensionen der Person an

Jesus stellt die Person des Anderen in den Mittelpunkt. Im Verständnis der christlichen Theologie bildet die Person den Maßstab aller Ordnungen und Institutionen, in der Kirche ebenso wie in Staat und Gesellschaft. Alles ist auf das Kriterium zu beziehen: Dient es dem Menschen? Die Qualität jedes Pflegeheims, jeder Sozialstation, jeder Beratungsstelle in der Kirche bemisst sich daran, inwieweit sie der personalen Entfaltung, dem Subjektsein und -werden zuträglich sind oder nicht. Ihr Weg ist der Mensch. So hat es Jesus mit seinem heilend-befreienden Handeln vorgelebt, so zeigt es die eindrucksvolle Diakonie- und Caritasgeschichte der Christen, innerhalb und außerhalb der Kirchen. Der christliche Personbegriff weist nun eine Reihe von Dimensionen auf, die für die seelsorgliche Beratung sehr relevant sind:

– Mensch, du hast Sehnsucht!
Der Schöpfungsmythos der Bibel will bekanntlich keine Entstehungsgeschichte der Welt und des Menschen liefern, sondern er klärt zeitlos gültig über den Ist-Zustand des Menschen auf. In Gen 2,7 heißt es, dass sich im Menschen Himmel und Erde berühren: «Da formte Gott den Menschen aus Erde vom Ackerboden und blies in seine Nase Atem von Leben.» Er ist nach diesem Verständnis Materie, Erde, Sternenstaub, Leib, dem Gesetz des Werdens und Vergehens unterworfen. Aber Gott leistet – in der bildhaften Sprache der Genesis – erste Hilfe am Menschen durch «Mund-zu-Nase-Beatmung». Dadurch erhebt er ihn über das Nur-Erdhafte, erfüllt ihn mit göttlichem Atem, verleiht ihm Seele und Geist. Deshalb empfindet der Mensch Sehnsucht nach dem Unendlichen und Heiligen und ist selbst unsagbar kostbar. Weiter heißt es: «Gott schuf also den Menschen als sein Abbild (oder Ebenbild)» (Gen 1,26). Der Mensch ist ihm selbst «wie aus dem Gesicht geschnitten». Heinrich Böll drückt es so aus: «Der Mensch ist ja ein Gottesbeweis. Ich meine die Tatsache, dass wir eigentlich wissen – auch wenn wir es nicht zugeben – dass wir hier auf der Erde nicht zu Hause sind, nicht ganz zu Hause. Dass wir also noch woanders hingehören und woanders herkommen. Ich kann mir keinen Menschen vorstellen, der sich nicht – jedenfalls zeitweise, stundenweise, tageweise oder auch nur augenblicksweise – klar darüber wird, dass er nicht ganz auf diese Erde gehört.»[8] Mensch, du hast Sehnsucht nach dem erfüllten Leben, nach ewigem Glück, nach dem Unendlichen, lautet die Diagnose. Augustinus hat es mit dem bekannten Wort ausgedrückt: «Unruhig ist unser Herz, bis es ruht in Dir!» Der Mensch ist Sinnsucher, ja Gottsucher, zeitlebens. Das ist seine Mitgift.

– Mensch, du bist wertvoll!
Christlich gesehen kommen der Person Wert und Würde, unabhängig von Status, Alter oder Leistungsfähigkeit, unwiderruflich deshalb zu, weil sie göttlichen, heiligen Ursprungs ist, damit unantastbar und unverfügbar. Über

---

8 *Böll,* in: Weil wir uns 65.

jedem Menschenleben steht die Losung: Mensch, du bist gewollt! Mensch, du bist geliebt! Jede Taufe bringt dies zum Ausdruck: Du bist geliebte Tochter, geliebter Sohn! Jede gelungene Beratung lässt etwas davon hervorleuchten. Liebenswürdigkeit, Anerkennung, Angenommensein sind von Geburt an mitgeliefert als unverlierbare Ressource, gratis und ohne Rechnung. Ein gutes Gespräch, eine gute Beratung strahlt etwas davon aus.

– Mensch, du darfst Fragment sein!
Kernelement eines christlichen Menschenbildes ist der realistische Umgang mit der unaufhebbaren Fragmentarität des Lebens. Ausweglosigkeit, Schuld, Krankheit, Altern, Leid, Tod bilden Lebenstatsachen, die sich weder durch Jugendwahn, Ganzheitspathos, Allmachtsphantasien noch durch die Illusion von der Machbarkeit des Glücks überspielen lassen, was in der Psychoszene nicht ganz fremd ist. Christliches Lebenswissen erteilt jener Tyrannei des gelingenden Lebens aus eigener Kraft, unter der der postmoderne Mensch leidet, eine Absage. Es respektiert die unaufhebbaren menschlichen Grenzen, die nicht rückgängig zu machenden Weichenstellungen, die misslungenen Pläne, die zerbrochenen Hoffnungen, die biografischen Bruchlinien. In ihm stößt das Scheitern nicht auf taube Ohren. Es hält nichts von persönlicher Perfektion und Null-Fehler-Toleranz, sondern plädiert für Fehlerfreundlichkeit und Barmherzigkeit, weil ein Fenster der Hoffnung auf Vollendung über dieses Leben hinaus offen ist. Es gilt sich von der Illusion zu verabschieden, als könnte man sich selbst vollkommen verwirklichen, als hätten Beratung und Seelsorge ihren Teil erst dann geleistet, wenn alle Probleme gelöst sind.

– Mensch, du hast Grund zur Hoffnung!
Das christliche Menschenbild ist von einem Heilsoptimismus durchdrungen, somit von Vertrauen und Hoffnung auf eine gute Zukunft, dass es mit dem je persönlichen Leben wie mit der Welt insgesamt gut ausgehen wird. Und diese gute Zukunft reicht bereits ins Heute herein. Christliches Handeln enthält deshalb immer den Grundton, dass es im Leben letztlich keinen Grund für totale Verzweiflung, unlösbare Schuld und existentielle Verlorenheit gibt. Es kennt keinen hoffnungslosen Fall. Christen glauben an die Rettung der Opfer – und letztlich auch an die Rettung der Täter. Das bestimmt ihr Handeln hier und jetzt. Sie vertrauen darauf, dass mit den Grenzen der eigenen Möglichkeiten zu helfen Gottes Möglichkeiten noch lange nicht ausgeschöpft sind.

– Mensch, du kannst lieben!

Mit dieser Losung ist gesagt, dass geglücktes Personsein nicht im Singular, sondern nur im Plural möglich ist. Zugleich verweist dieses Prädikat auf die menschliche Fähigkeit, zu helfen und das Leid des Anderen mitzutragen, auf die Option für die «Armen» in vielfältiger Betroffenheit. Wer sich auf Gott einlässt, wird leidempfindlich, entwickelt Compassion – Mitleid und Leidenschaft für den notleidenden Anderen. Dies ist die Quintessenz christlicher Spiritualität. Compassion beginnt damit, sich den Leidensgeschichten der Armen heute zu stellen. Zu denken ist vor allem auch an jene, die in Beratung und Seelsorge ein «Obdach der Seele»[9] suchen, das in der Vorläufigkeit dieses Lebens nicht umfassend in Familie, Partnerschaft oder Freundschaft zu finden ist, deren Ehen und Lebensgemeinschaften scheitern mit Folgen für die Betroffenen und die Kinder, die als alleinerziehende Mütter und Väter oder als Eltern mit mehreren Kindern in die Armutsfalle geraten, die als Kinder, Frauen, alte Menschen, ethnische Gruppen Opfer von sexueller und kriegerischer Gewalt werden.

5 Ohne Bemühung um hohe Fachlichkeit kein christliches Profil der seelsorglichen Beratung

Alles, was zum christlichen Personbegriff gesagt wurde – die unabsprechbare Würde, der Wert vor aller Leistung, das Subjektsein, die unaufhebbare Fragmentarität, die nie versiegende Hoffnung, die Fähigkeit zur Compassion –, enthält Konsequenzen für die Einstellung der Beraterinnen und Berater und ihr Verständnis von seelsorglicher Beratung. Es erleichtert die persönliche Bemühung um eine hohe Beratungskompetenz, wenn man sich klar macht, dass wesentliche Überzeugungen des christlichen Menschenbildes in die psychologischen Beratungskonzepte eingegangen sind, oft mindestens ebenso stark wie etwa der tragische Heroismus Freuds. Noch stärker handeln aus christlichen Leitlinien heraus viele Beraterinnen und Berater in der Praxis. Nicht wenige Mitarbeiterinnen und Mitarbeiter in Beratungsstellen der Kirchen, der Caritas, aber auch der Arbeiterwohlfahrt, des Paritätischen Wohlfahrtsverbandes, in kommunaler oder staatlicher Trägerschaft oder in freiberuflicher Tätigkeit fühlen sich mit ihren Grundhaltungen und Interventionen bewusst oder unbewusst an ein solches Menschenbild zurückgebunden. Dies

---

9 Vgl. *Zulehner,* Obdach der Seele.

belegt: Es steht nicht im Widerspruch zu der von ihnen zu Recht hochgehaltenen Fachlichkeit. Beides ist kompatibel. Mehr noch, ohne Fachlichkeit könnte sich dieses Menschenbild in der Tatsprache der Beratung gar nicht ausdrücken. Ein christliches Menschenbild ist in einer Beratung nicht jenseits der Bemühung um hohe Fachlichkeit zu finden ist, sondern nur in ihr.

Nach der Logik des Zweiten Vatikanischen Konzils ist das auch nicht überraschend. Danach haben die Wirklichkeiten des profanen Bereichs, zu denen eine auf der wissenschaftlichen Psychologie beruhende Beratung gehört, und die des Glaubens in demselben Gott ihren Ursprung. «Ja wer bescheiden und ausdauernd die Geheimnisse der Wirklichkeit zu erforschen versucht, wird, auch wenn er sich dessen nicht bewusst ist, von dem Gott an der Hand geführt, der alle Wirklichkeit trägt und sie in sein Eigensein einsetzt.»[10]

Einer Wissenschaft wie der Klinischen Psychologie, aus der Beraterinnen und Berater Wesentliches ihres fachlichen Kanons beziehen, wird hier eine «anonyme Christlichkeit» zugesprochen. Albert Görres schlussfolgert daraus: «Wo immer aber Psychologie mit Achtung, Klugheit und Güte vollzogen wird, dürfen wir vermuten und hoffen, dass hier eine Gottesnähe und Menschennähe waltet, die vielleicht dem Psychologen selbst noch verborgen ist.»[11]

Die Feststellung, dass in der Fachlichkeit bereits starke Elemente einer christlichen Praxis enthalten sind, ist für Mitarbeiterinnen und Mitarbeiter in kirchlichen und caritativen Einrichtungen von großer Bedeutung. Sie bewahrt sie vor der Befürchtung, sich aus dem fachlichen Diskurs verabschieden, an der Tür zur kirchlichen Ehe-, Familien- und Lebensberatung ihr Psychologe- oder Berater-Sein abgeben zu müssen. Sie gestattet auf der anderen Seite aber auch nicht, die fachliche Qualifikation im Kirchenraum als zweitrangig zu veranschlagen, mit der Alibi-Begründung, es käme hier ja nicht so sehr auf Fachlichkeit, sondern allein auf die christlich-kirchliche Haltung an. Im Gegenteil, die im christlichen Menschenbild so hoch geschätzte Würde des Anderen verlangt einen höchstmöglichen fachlichen Standard gerade auch der seelsorglichen Beratung. «Für unsere Menschen mit Behinderung ist das Beste gerade gut genug!» formulierte Dominikus Ringeisen (1835–1904), der Begründer der Ursberger Anstalten.[12] Diese Maxime lässt sich ohne weiteres auf die Ratsuchenden in der Gesprächsseelsorge übertragen. Dann ist daraus

---

10 Zweites Vatikanisches Konzil, Gaudium et spes 36.
11 *Görres,* Kirchliche Beratung 31.
12 Vgl. *Baumgartner/Landersdorfer,* Dominikus Ringeisen.

die Forderung abzuleiten, für die Ausbildung und Supervision in seelsorglicher Beratung institutionelle und persönliche Ressourcen zu investieren.

6 Seelsorgliche Beratung ist offen für die Sinnfragen des Lebens

In Konflikten und Krisensituationen, wie sie in der seelsorglichen Beratung zu bearbeiten sind, tauchen fast zwangsläufig Fragen nach dem Sinn des Lebens, der Bewältigung von Schuld und Leid, der Sehnsucht nach unbegrenzter Erfüllung auf. Hier wahrnehmungs- und sprachfähig zu sein, gehört zur Beratungskompetenz. Dabei ist nicht eine explizit-verbale «Sinnvermittlung» angezielt, sondern die Ermutigung, sich solchen Fragen zu stellen und «sich in sie hineinzuleben», wie das Rainer Maria Rilke in einem Brief an eine ratsuchende Person zum Ausdruck bringt: «Leben Sie jetzt die Fragen! Vielleicht leben Sie sich eines Tages in die Antwort hinein».[13] Grundaufgabe einer christlichen Beratungspraxis ist es letztlich, den Himmel offen zu halten.[14] Kirchliche Beratung und Seelsorge sollten demnach Orte sein, wo die Sehnsucht nach dem Unendlichen Ausdruck finden kann und erfahrbar wird. Ihre Beraterinnen und Berater sollten deshalb ein Gespür für die latente Vielschichtigkeit entwickeln, in der sich solche Sehnsucht mitteilt. Eine gute Voraussetzung dafür ist dann gegeben, wenn die Beraterinnen und Berater ihre je eigene latente Religiosität kennen. Dann sind sie freier, sich – mystagogisch – auf die Religiosität des Ratsuchenden unvoreingenommen einzulassen.

7 Seelsorgliche Beratung ist ein Hoffnungsort

Diese Leitlinie lässt Beraterinnen und Berater gelassener und zielgerichteter zugleich handeln. Wenn Klaus Grawe[15] Beratung und Therapie zu Unternehmen der Hoffnung erklärt, findet dies vom christlichen Lebenswissen her viel Zustimmung. Manchmal mag es nötig sein, dass ein Berater für den Anderen diese Hoffnung stellvertretend hegt, dann kann dieser selbst wieder neue

---

13 *Rilke*, Briefe 21.
14 Vgl. *Baumgartner*, Himmel.
15 *Grawe*, Psychologische Therapie 15–38.

Hoffnung schöpfen. Berater sagen mit ihrer Tatsprache des Zuhörens, Zeithabens, Aushaltens, durch Geduld und Sorge für den Anderen: «Es gibt nichts in diesem Leben, das dich absolut verzweifeln lassen müsste! Du hast immer noch Zukunft und Leben vor dir! Du wirst nicht sterben!», denn Gott ist ein «Gott, der Hoffnung und Zukunft» gibt (Jer 29,32). Berater sind Hoffnungsträger. Ratsuchende auch! Die Kraft, mit der sie ihr Leiden aushalten und zu verändern trachten, kündet letztlich von der unzerstörbaren Hoffnung auf ein besseres Leben, von der Sehnsucht nach der ultimativen Überwindung des Leids. Es ist letztlich nicht der Leidensdruck, der den Beratungsprozess vorantreibt, sondern die Hoffnung.

8 Compassion und Gerechtigkeit geben der seelsorglichen Beratung ein jesuanisches Profil

Beratungsstellen in kirchlicher Trägerschaft verdanken sich der wachen Compassion der Christen. Sie sind als Orte der Lebenshilfe gedacht, wo etwas von der Sehnsucht Gottes nach dem gelingenden Leben zum Vorschein kommt. Compassion, also Mitleidenschaft für den Anderen aus einer Gottesleidenschaft heraus, und Gerechtigkeit geben der Professionalität ein menschliches Gesicht. Nach biblischem Befund bilden sie in der Tatsprache der Nächstenliebe das entscheidende Erkennungszeichen für Christlichkeit und damit für echte Kirchlichkeit. Sie konstituieren einen Ort der Gotteserfahrung, der Theophanie. Wer «heilt» und gut berät, spricht wahr von Gott, so die Quintessenz der biblischen Heilungsgeschichten. Beraterinnen und Berater pflegen diese Tatsprache der Diakonie. Sie brauchen sich deshalb ihr Christ- und Kirchesein nicht von nachrangigen Kriterien her absprechen lassen. Im Gegenteil, sie können zu Recht eine einseitig missionarisch-katechetische Pastoral diakonisch inspirieren. Seelsorgliche Beratung bildet geradezu die Vorhut auf dem Weg zu einer diakonischen Kirche, wie sie heute verlangt ist.

9 Die Zusagen christlicher Existenz sind nur graduell erfahrbar und einlösbar

Die Losungen christlichen Lebenswissens bezeichnen keine Ist-Zustände, sondern Gestaltungsziele. Sie formulieren Ideale und Leitbilder. Als solche geben sie Richtungen an und verhelfen zur Orientierung. Sie können aber dann eine destruktive Kraft entfalten, wenn ihr utopischer Überschuss übersehen und sie mit voll einlösbaren Aufgaben verwechselt werden. Dann entmutigen sie angesichts ihres hohen Anspruchs und der Diskrepanz zur erlebten Realität. So gilt es sich hier ein gutes biblisches Prinzip in Erinnerung zu rufen, dass das Reich Gottes in kleinen Schritten wächst, wie vom unscheinbaren Senfkorn zum stattlichen Baum. Gradualität ist angesagt. D. h. es gibt hier kein «Alles oder Nichts», sondern nur Annäherungen. Dies entlastet. Besonders bedeutsam erscheint das christliche Prinzip der Gradualität im Umgang mit den hohen normativen Idealen von Ehe und Familie. In Zeiten einer Pluralisierung der Familienformen ist über die normativen Wertigkeiten der verschiedenen Familienformen neu nachzudenken. Das Leitbild der auf die Ehe bezogenen Familie kann nur dann seine orientierende Funktion einlösen, wenn es als Ideal und mit der damit gegebenen Problematik des Scheiterns gesehen wird. Ein Ideal gibt Orientierung, aber man kann sich ihm nur graduell annähern.

Seelsorgliche Beraterinnen und Berater erinnern sich in solchen Situationen an das alte moraltheologische Prinzip der Epikie. Es meint die Tugend des ethischen Handelns in der konkreten Situation. Solche Tugend besteht darin, allgemeine Werte und Normen als Richtschnur zu erkennen, aber sie zugleich in eigener Auseinandersetzung und Verantwortung auf die je eigene Person und Situation anzuwenden oder zu modifizieren. Sie ist somit eine theologisch vom Personsein abgeleitete Tugend für Berater wie für Ratsuchende. Das Prinzip der Epikie bestärkt darin, sich der ethischen Reflexion in der Beratung zu stellen, aber zugleich den Mut zu eigener Verantwortung zu entwickeln.

10 Gute seelsorgliche Beratung erweist sich für Ratsuchende als «Anders-Ort»

Der Begriff «Andersort» stammt von Michel Foucault (gest. 1984) und bezeichnet Orte, die in Differenz zu den jeweils selbstverständlichen Ordnungen der hiesigen Welt stehen. In der Bibel finden sich viele «Heterotopien»: die Arche Noah, die Krippe Jesu, das Exil, der Tempel, das Kreuz, die blühende Wüste, das leere Grab oder der Sabbat. Andersorte unterbrechen. Sie bilden nicht einfach die Fadheit und Banalität des Alltags ab oder verdoppeln sie womöglich noch. Hier gelten andere Regeln als Status, Leistung, Erfolg, Rechthaberei, Geld und Macht. Hier hat Gewicht, was sonst unter die Räder kommt: das Pathische, das Danken, das Zuhören, die Versöhnung, die Compassion, das Geheimnisvolle.

Keine Frage, alles Religiöse hat den Charakter eines Andersortes. Aber auch eine seelsorgliche Beratung lässt sich als Andersort begreifen, wo andere Spielregeln gelten als außerhalb, wo Empathie geübt wird, wenn bisher jemand Kränkung erfahren musste, wo neue Muster eingeübt werden, anstatt alte Fixierungen zu wiederholen, wo ein wohlwollendes Klima herrscht anstatt Gehässigkeit, wo das zur Sprache kommt, was bislang sprachlos blieb, wo Hilfe ohne Rechnung angeboten wird, wenn sonst nur in die eigene Tasche gewirtschaftet wird. Heilsame Unterbrechung zu kultivieren, ist die Empfehlung der Theologie für die Gestaltung der seelsorglichen Beratung. Dann werden Beraterinnen und Berater entdecken, dass sie in ihrer Auffassung vom Menschen andere Akzente zu setzen haben als die gesellschaftlich hoch in Kurs stehenden. Sie huldigen nicht den eindimensionalen Imperativen der Postmoderne, dass das erfüllte Leben aktiv, autonom und ganz zu sein habe. Vielmehr wissen sie um die humanisierende Kraft der Gegenpole: des Seins, des Lassens, der Passivität, der Bezogenheit und der Fragmentarität.

11 Seelsorgliche Beratung ist ein Sakrament der Gottesnähe

«Ein Sakrament ist jede Realität, die Gnade bringt. Und Gnade ist immer ein Handeln Gottes, es ist die Liebe Gottes. Hat man das einmal begriffen, eröffnet sich eine neue Welt.»[16] So leitet der ägyptische Jesuit und Mystiker Henri Boulad seine Ausführungen zur Sakramentalität caritativen Handelns ein. Und weiter: «Dieser Blick, den ich einem Menschen entgegenbringe, den nie jemand eines Blickes gewürdigt hat, ist ein Sakrament, das ebenso echt ist, wie die Kommunion.»[17] ... «Wenn Sie Medikamente und Kleidung verteilen, spenden Sie ein Sakrament; wenn Sie einem Kranken die Hand auflegen, spürt er bewusst oder unbewusst die Gegenwart, die Zärtlichkeit Gottes auf seiner Stirn. Und wenn Sie einen Kranken im Spital aufsuchen, spürt er, dass ihn Jesus besucht. Sie sind das Sakrament Gottes, Sie sind der Priester Gottes, Sie sind die Gegenwart Gottes im Leben all jener, denen Sie helfen und die Sie lieben.»[18] Worte, die das Wesen der Caritas, ja der Pastoral und christli-

---

16 *Boulad,* Mystische Erfahrung 10.
17 Ebd. 18 f.
18 Ebd. 22 f.

chen Praxis auf den Punkt bringen, in aller Einfachheit und in allem Freimut gegenüber kirchlichen Pastoralplänen und lehramtlichen Dogmatisierungen. Sie tun kund, worum es bei der Tatsprache des Evangeliums heute auch in der Beratung geht. Sie ist in ihren guten Momenten – mit Lumen gentium gesprochen – «Zeichen und Werkzeug» der Nähe Gottes zum Menschen, zum leidenden Menschen vorweg.

Wenn ein Seelsorger bei einem verzweifelten Menschen ausharrt und damit in Tatsprache kundtut, dass sein Glaube keinen «hoffnungslosen Fall» kennt, dass Opfer, aber auch Täter auf Rettung hoffen dürfen, dass Leben Fragment bleiben darf, dann öffnet er zugleich ein Fenster in den Himmel. Sein Handeln erweist sich als «transzendenz-verdächtig» und enthält einen zeichenhaften Überschuss. In ihm konstituiert sich ein Ort der Theophanie, ein Raum der Nähe Gottes. Wer so handelt, bewegt sich im Horizont einer Gottes-Praxis und vergegenwärtigt, dass der Mensch sich nicht allein in sich selbst verankern muss. Berater und Ratsuchende sind immer «mit einem Dritten im Bunde» unterwegs. Der Glaube an die Nähe Gottes befreit sie vom Zwang, nur an sich selber glauben zu müssen. Ein Beratungsgespräch ist folglich genauso sakramental zu begreifen und zu werten wie die Eucharistie oder die Krankensalbung. Ganz in dem Sinne, wie Johannes Chrysostomus (344–407) formuliert: «Das Sakrament des Altares ist nicht zu trennen vom Sakrament des Bruders», also von Diakonie und Caritas. Man kann es auch in den Worten Benedikt XVI. akzentuieren: «Eucharistie, die nicht praktisches Liebeshandeln wird, ist in sich selbst fragmentiert.»[19] Seelsorgliche Beratung ist ein solches «Liebeshandeln», das ein Zeichen der Nähe Gottes ist – wie die Eucharistie.

Für eine solche sakramentale Symbolsprache der Beratung braucht es vielfältige pastoralpsychologische Aufmerksamkeit, damit sie der Botschaft von der Nähe Gottes wirklich Raum gibt und nicht unter der Hand narzistische, klerikalistische oder neurotische Klischees produziert, also nicht zum «Diabol» wird. Im Kern hängt diese transzendierende Symbolkraft der Beratung daran, ob es gelingt, eine Beziehung zum ratsuchenden Gesprächspartner herzustellen, die den unverfügbaren Wert des Anderen, sein elementares Gelten-Dürfen und Angenommen-Sein kundtut. Dazu empfiehlt Papst Benedikt XVI. in der Enzyklika «Deus Caritas est» den Beratern eine «Herzensbildung, ...die Liebe weckt und ... das Herz für den Nächsten öffnet, so dass Nächstenliebe für sie nicht mehr ein sozusagen von außen auferlegtes Gebot ist, sondern

---

19 *Papst Benedikt XVI.,* Deus caritas est 14.

Folge des Glaubens, der in der Liebe wirksam wird.»[20] Eine gute Beziehung bildet auch nach Martin Buber die wichtigste Spur für die letztlich tragende Hilfe im menschlichen Leben, die ein Beratungsgespräch legen kann. Er sagt: *«Wir harren auf eine Theophanie, von der wir nichts wissen als den Ort, und der Ort heißt Gemeinschaft.»*[21] Wenn in der Beratung echte Gemeinschaft und gute Beziehung mit dem Hilfsbedürftigen gelebt werden, wandelt sie sich zu einem Ort der Theophanie. Dieses Prädikat, «Ort der Theophanie» zu sein, lädt ein, «groß» vom Beratungshandeln zu denken. Es reicht hinein in das Wesentliche, was Menschsein ausmacht. Beraten ist folglich ein «heiliges» Geschehen und Beraten-dürfen ein Gottesgeschenk.

Literatur

Baumgartner, Isidor: Pastoralpsychologie. Einführung in die heilende Seelsorge, Düsseldorf ²1997.

Baumgartner, Isidor/Friesl, Christian/Máté-Toth, Andras u. a. (Hrsg.): Den Himmel offen halten, Innsbruck 2000.

Baumgartner, Isidor/Landersdorfer, Anton (Hrsg.): Jeder Mensch ist kostbar. Dominikus Ringeisen (1835–1904) – ein Anwalt des Lebens, Passau 2004.

Böll, Heinrich: Interview. In: *Kuschel, Karl-Josef:* Weil wir uns auf dieser Erde nicht ganz zu Hause fühlen, München 1985, 64–75.

Boulad, Henri: Mystische Erfahrung und soziales Engagement, Salzburg-Wien 1997.

Buber, Martin: Das dialogische Prinzip, Heidelberg 1984.

Freud, Sigmund, Gesammelte Werke, Bd. XIV, London 1950.

Freud, Sigmund/Pfister, Oskar: Briefe 1909–1939, Frankfurt 1963.

Görres, Albert: Kirchliche Beratung – eine dringende Antwort auf Symptome und Ursachen seelischer Krisen? In: Sekretariat der Deutschen Bischofskonferenz (Hrsg.): Kirchliche Beratungsdienste (= Arbeitshilfen 51), Bonn 1987, 5–31.

Grawe, Klaus: Psychologische Therapie, Göttingen 1998.

Grawe, Klaus: Neuropsychotherapie, Göttingen u. a. 2004.

Hellinger, Bert: Ordnungen der Liebe, Heidelberg ³1996.

Hutter, Christoph: Beratung und Therapie – Notizen zu einer Abgrenzung. In: *Hutter, Christoph/Hevicke, Michael/Plois, Bernhard* u. a. (Hrsg.): Herausforderung Lebens-

---

20 Ebd. 31a.
21 *Buber,* Das dialogische Prinzip 148 f.

lage. PraxisReflexe aus der Ehe-, Familien-, Lebens- und Eheberatung, Münster/ Hamburg/London 2003, 131–144.

Papst Benedikt XVI.: Enzyklika Deus caritas est (Verlautbarungen des Apostolischen Stuhls 171, hrsg. vom Sekretariat der Deutschen Bischofskonferenz, Bonn 2005).

Rilke, Rainer Maria: Briefe an einen jungen Dichter, (Leipzig 1929), Insel, Frankfurt a. M. [48]2000, 21.

Rogers, Carl R.: Die klient-bezogene Gesprächstherapie, München 1973.

Zulehner, Paul M.: Ein Obdach der Seele. Geistliche Übungen nicht nur für fromme Zeitgenossen, Düsseldorf 1994.

Menschen in Lebenskrisen personzentriert begleiten

Isidor Baumgartner

1 Begründet von Carl R. Rogers

In der seelsorglichen Krisenbegleitung gehört die personzentrierte Gesprächsführung zu den am häufigsten aus der Psychotherapie entlehnten und aufgegriffenen Konzepten. Dies liegt daran, dass ihre Theorie recht plausibel erscheint und ihre Praxis auch von psychologisch weniger geschulten Interessenten in Übungskursen recht gut erlernbar ist. Dabei wird keine professionelle psychotherapeutische Kompetenz angezielt, aber doch die Fähigkeit, Begleitungsgespräche im Alltag zu führen.

Begründet wurde die zuerst als «nondirektive», dann als «klientenzentrierte Psychotherapie» bezeichnete Methode von dem Amerikaner Carl R. Rogers (1902–1987).[1] Über das Hamburger Psychologenehepaar Annemarie und Reinhard Tausch[2] wurde sie seit den 60er Jahren des letzten Jahrhunderts als «Gesprächspsychotherapie» auch im deutschen Sprachraum zunehmend bekannt. Dies führte zeitgleich zur Entwicklung einer «personzentrierten Gesprächsseelsorge», die sich in der pastoralen Aus- und Weiterbildung einen festen Platz eroberte.[3]

Personzentrierte Gesprächsseelsorge setzt in der Begleitung von Menschen in Konflikt- und Krisensituationen ganz auf die Selbstheilungskräfte der betroffenen Person. Sie versucht Bedingungen zu schaffen, unter denen sich

---

1 Vgl. zu Theorie und Praxis der klientenzentrierten Psychotherapie: *Rogers/Schmid*, Person-zentriert.

2 *Tausch,* Gesprächspsychotherapie.

3 Aus der Vielzahl der Publikationen zur personzentrierten seelsorglichen Beratung seien exemplarisch angeführt: *Baumgartner*, Pastoralpsychologie, 427–482. *Ders.*, Heilende Seelsorge. *Lemke*, Seelsorgliche Gesprächsführung. *Dies.*, Personzentrierte Beratung. *Schwermer*, Das helfende Gespräch. *Ders.*, Gespräche. *Wetter-Parasie/Parasie*, Gut beraten. *Gärtner*, Gute Gespräche.

29

verschüttete innere Kräfte wieder regenerieren und entfalten können. Damit hegt sie das Vertrauen, dass eigentlich jeder selbst – unter günstigen Umständen – seinen ureigenen Weg je neu finden und gehen kann.

Es gibt ein wichtiges Indiz dafür, ob eine Person in einer für sie konstruktiven Weise unterwegs ist: die Selbstexploration.

2 Selbstexploration

Mit Selbstexploration ist gemeint, dass der Gesprächspartner auf sein inneres Erleben konzentriert ist und versucht, sich von daher dem Seelsorger oder Berater mitzuteilen. So kann z. B. eine Person, die sich über jemanden geärgert hat, davon sprechen, dass sie sich verletzt fühlt, dass dabei auch frühere Kränkungen auftauchen und sie sich immer schon gegenüber anderen nicht genügend durchsetzen konnte.

Die Verarbeitung von Problemen – Gefühle nacherleben, ausdrücken und ihren Bedeutungsgehalt zu erkennen versuchen – ist nach dem Verständnis der personzentrierten Gesprächsseelsorge die beste Möglichkeit, eine Krisensituation zu bewältigen. Damit ist nicht behauptet, dass jeder Konflikt und jede psychische Belastung durch Selbstexploration zu lösen ist. Aber bei sich selber anzufangen, ist mit hoher Wahrscheinlichkeit zielführender, als einzig und allein die anderen ändern zu wollen. Selbstexploration bleibt nicht ohne Wirkung. Sie ermöglicht neue emotionale Befindlichkeiten, neue Einstellungen, neues Handeln. Das Ergebnis von Selbstexploration kann z. B. in dem Entschluss bestehen, sich künftig gegen ungerechte Angriffe stärker zur Wehr zu setzen, darin mehr mit sich zu experimentieren.

Selbstexploration bedeutet folglich, im je eigenen Lebenshaus auf die Suche nach unbegangenen, versperrten, verbotenen oder vergessenen Räumen zu gehen, um sich selbst wieder neu, mit allem, was zu einem gehört, kennen zu lernen. Dabei wird man auf verborgene Ängste, Befürchtungen, aber auch Hoffnungen, Lebensziele und -wünsche stoßen, denen man vielleicht bislang zu wenig Beachtung geschenkt oder die man überhaupt noch nie in Worte gefasst hat. Bei einer solch aufmerksamen Erkundungsreise bekommt die persönliche Innenwelt neue Konturen. Gefühle werden wach, die bislang eingeschlossen oder eingefroren waren. Je mehr jemand folglich mit seinen inneren Erlebnissen, von dem, was Lebensereignisse für ihn bedeuten und welche Gefühle dabei in ihm wach werden, in Kontakt kommt und davon zu sprechen beginnt, umso günstiger sind seine seelischen Wachstumschancen einzuschätzen. Abgeblendete Bedeutungen und Gefühle nachzuerleben und in Worte zu bringen, bewirkt zunehmend mehr Klärung, Angstabbau und seelische Vertiefung. Daraus kann ein gestärktes Selbstwertgefühl erwachsen: «Es gibt an mir nichts, das ich vor mir und anderen verstecken müsste!» Davon bleibt auch die Beziehungsfähigkeit dieser Person nicht unberührt. Letztlich kommt durch Selbstexploration ein innerer Prozess in Gang, wo vorher Erstarrung, Verhärtung und Verkümmerung herrschten. Seelisches Leben gerät wieder in Bewegung – hin zu einem realistischen Bild von sich selbst, zu mehr Selbstkompetenz, Selbstwertgefühl und Wohlbefinden.

Wenn Selbstexploration der wesentliche Schritt auf dem Weg des Wachsens und der Selbstwerdung ist, dann liegt die Frage nahe, wie seelsorgliche Begleitung diesen Prozess bei einem Gesprächspartner anregen und fördern kann. Die personzentrierte Gesprächsseelsorge empfiehlt dazu Helferinnen und Helfern, drei Einstellungen bei sich zu entwickeln und an den Tag zu legen: Echtheit, Wertschätzung und Einfühlung.

3 Echtheit

Vom Seelsorger ist verlangt, in der Beziehung zum Gesprächspartner als Person, die er wirklich ist, erkennbar zu sein. Dies schließt ein, dass er sich nicht hinter irgendwelchen Fassaden und Rollen versteckt. In der Regel reicht dazu der gute Wille allein nicht aus. Vielmehr bedarf es auch bei ihm als Seelsorger einer immer wieder geübten Selbstexploration. Auf diese Weise gewinnt er Zugang zu seinen wunden Punkten und lernt seine unerfüllten Lebenswünsche kennen. Er ist dann schon einigermaßen sensibilisiert, im seelsorglichen Begleitungsgespräch nicht unbewusst für eigene, mitgebrachte Enttäuschungen entschädigt werden zu wollen – durch Dankbarkeit, Erfolg, Macht, Anerkennung und dergleichen.

Mit Echtheit ist nicht gemeint, dass Seelsorgerinnen und Seelsorger keine Probleme haben dürfen – dies wäre ein ganz und gar unrealistisches Selbstbild. Sie sollten vielmehr um ihre «blinden Flecken», ihre Anfälligkeiten Bescheid wissen. Mangelt es an solcher Selbstkenntnis, dann rufen die Lebensnöte und Konflikte des Gesprächspartners im Seelsorger unbewusste und unbearbeitete Ängste, Enttäuschungen und Gekränktheiten wach. Dadurch ist er dann so in Beschlag genommen, dass er gar nicht mehr wahrnimmt, was den Gesprächspartner wirklich bedrängt. Fehlende Selbstwahrnehmung verzerrt und verstellt das Hinhören auf die Sorgen des Anderen.

Echtheit ist auch nicht so zu verstehen, dass ein Helfer alles, was im Augenblick des seelsorglichen Gesprächs in ihm aufkommt, auch sofort mitteilen sollte. Durch einen solch unkontrollierten Mitteilungsdrang – nicht selten wird daraus ein unproduktives Erzählen eigener Geschichten – würde dem Gesprächspartner der Raum für dessen Selbstexplorationsprozess genommen. Eigene Selbstmitteilung sollte deshalb immer auf das Selbsterleben des Anderen abgestimmt sein. Wenn tatsächlich ein Reden von sich im Beratungsgespräch angebracht erscheint – der eigentliche Ort dafür ist in erster Linie eine Supervisionsgruppe –, dann sollten die geäußerten Worte auf jeden Fall dem inneren Erleben entsprechen. Ein Seelsorger wird beispielsweise deshalb nicht von sich geben: «Das ist ja äußerst spannend, was Sie da erzählen!», wenn es ihn eher langweilt. Der Gesprächspartner sollte von seinem Helfer sagen können: «Ich kenne mich mit ihm aus! Er macht mir nichts vor! Er versucht nicht, etwas vor mir zu verbergen, was er empfindet!» Ganz so, wie die Menschen wohl empfunden haben, als sie dem Heiler Jesus begegneten. Ihn zeichneten Klarheit, Transparenz und Wahrhaftigkeit in einer Weise aus, die heilsam wirkte, Gottvertrauen einflößte und zum Leben ermutigte.

4   Wertschätzung

Ohne Frage gehört auch die zweite Grundhaltung der personzentrierten Gesprächsseelsorge zur jesuanischen «Beziehungstherapie»: die Wertschätzung. Man versteht darunter eine Haltung der Achtung und des wohlwollenden Respekts für die Individualität des Anderen. Er ist ja eine einmalige, unwiederholbare, einzigartige Person, die kein zweites Mal auf dieser Welt jemals so existiert hat noch existieren wird. Als Christ wird man diese Einzigartigkeit einer jeden und eines jeden als ein Gottesgeschenk betrachten. Jeder einzelne ist von Geburt an als Original gedacht.

Von daher ist es nicht nur in einem humanistischen, sondern auch im christlichen Menschenbild begründet, der Individualität eines Gesprächspartners, seinem Anderssein soviel Achtung wie möglich entgegenzubringen. Wertschätzende Aufmerksamkeit ist vor allem dann unverzichtbar, wenn die Unvollkommenheiten und Schwächen des Andern den Begleiter empören oder erschrecken. Dann müsste er sich im Sinne einer bedingungslosen Wertschätzung fragen: «Wer weiß, ob ich nicht auch, wenn ich in seiner Lebensspur hätte gehen müssen, in seiner seelischen Gestalt daherkäme?»

Wertschätzung bedeutet sodann, dem Gesprächspartner mit Vertrauen auf seine inneren Selbstheilungskräfte zu begegnen. Theologisch ist hier daran zu erinnern, dass jeder Mensch immer schon einen Weg mit Gott geht. Gott ist in ihm immer schon am Werke. In diesem Vertrauen auf das unbeirrbare Wirken Gottes im Andern und sein Geschenk der Individualität wird sich der Seelsorger mit Bewertungen, Weisungen oder gar autoritären Forderungen zurückhalten. Erst dieser Verzicht auf Direktiven – Wertschätzung meint eine «nondirektive» Haltung – ermöglicht es dem Andern, Zutrauen zu sich selbst und den eigenen Möglichkeiten zu gewinnen. Auf diesem Weg kann Selbstannahme wachsen, deren Fehlen oft genug den Kern einer Lebensnot ausmacht.

Seelsorgerinnen und Seelsorger wenden im Zusammenhang der Wertschätzung häufig ein, dass eine nondirektive Haltung im Gegensatz zu dem Auftrag stünde, das Evangelium auch inhaltlich zu verkünden. In der Tat kritisiert das theologisch von der Nächstenliebe her begründete Prinzip der non-direktiven Wertschätzung ein Missverständnis von Verkündigung und Pastoral, dass es auch in der akuten Krisensituation vor allem auf die explizite Vermittlung von Glaubensinhalten und moralischen Lebensweisungen ankäme. Zwar helfen christliche Grundorientierungen, Lebenskrisen durchzustehen, aber die nachhaltigste Verkündigung geschieht in solchen Situationen dadurch, dass der Seelsorger die Nähe Gottes durch seine wertschätzende Zuwendung praktiziert, bevor er von ihr spricht. Auch wird eine deformierte Seelsorge angefragt, die mehr an der kirchlichen Bestandsicherung, an neuen Gottesdienstbesuchern und Kirchenmitgliedern interessiert scheint als an den Lebenskrisen der Menschen. Die Praxis Jesu, wie sie in den Heilungsgeschichten des NT begegnet, setzt andere pastorale Prioritäten: Der einzelne – und allen voran – der leidende Mensch geht vor! Jesuanische wie psychotherapeutische Wertschätzung verbieten es, den Hilfesuchenden als Objekt von Belehrung, Vereinnahmung und Bevormundung zu gebrauchen.

Wenn in der Seelsorge der Mensch mit seinen Sorgen Vorrang bekommt, dann wird damit das erste und entscheidende Verkündigungswort gesprochen. Ist dieses Tatwort des Evangeliums gesagt, dann kann es unter bestimmten Bedingungen angebracht sein, ein ausdrückliches, lebensdeutendes Hoffnungswort des Glaubens anzubieten. Ein solches religiöses Deutewort hat seinen Sinn, wenn im Selbsterkundungsprozess des Gesprächspartners der Punkt dazu gekommen ist, wenn es ihm, aber auch dem Seelsorger aus der Seele spricht. Es kommt auf die persönliche Überzeugung (Echtheit) an und darf nicht eine fromme Pflichtübung, die das Über-Ich des Seelsorgers beruhigt, bleiben.

5   Einfühlung

Hiermit ist der in der personzentrierten Gesprächsseelsorge zentrale Vorgang der Wahrnehmung angesprochen. Es geht darum, als Seelsorger behutsam in die innere Welt des Gesprächspartners, gleichsam in sein Lebenshaus, einzutreten und sich darin wie ein guter Gast zu bewegen. Der einfühlende Helfer wird darauf bedacht sein, die innere Welt des Gesprächspartners mit dessen Augen zu sehen, ohne dabei zu urteilen oder gar zu verurteilen. Auch wird er nicht in Räume einzudringen versuchen, deren Türen ihm der Andere verschlossen hält. Umgekehrt darf er nicht dort achtlos vorbeigehen, wo er eingeladen ist, näher zu treten. Einfühlung ist – um ein anderes Bild zu gebrauchen – ein Gehen in den Schuhen des Anderen. Ein indianisches Sprichwort sagt davon bekanntlich, dass man einen «halben Mond lang in den Mokassins des Andern» gegangen sein müsse, um ihm raten zu können.

Gesprächspsychologisch betrachtet, richtet der Helfer bei der Einfühlung oder Empathie das Hauptaugenmerk nicht auf die äußeren, vom Gesprächspartner erzählten Sachverhalte, sondern vorrangig auf die zu den mitgeteilten Fakten gehörenden, mehr oder weniger artikulierten Bedeutungen und Gefühle. Mit seinem Interesse für Emotionen, Bedeutungen, Wünsche, Hoffnungen, aber auch Verletzungen, Enttäuschungen, Aggressionen und Ängste bestärkt der Helfer den Prozess der Selbstexploration und des Selbstwerdens im Andern.

Im Erlebnisfluss des Gesprächspartners in der rechten Balance von Nähe und Distanz mitzugehen, stellt hohe Anforderungen an den Seelsorger. Ist er doch gehalten, inhaltlich voll konzentriert zuzuhören und zugleich herauszuspüren, was der Gesprächspartner im Moment des Sprechens fühlt, empfindet und deutet. Oft ist dabei das, was ihn eigentlich bewegt, ihm selbst noch gar nicht richtig bewusst und nimmt erst im Sprechen Gestalt an. Das subjektiv Bedeutsame herauszuhören, also das Wahrnehmen, ist die eine Seite der Einfühlung.

Hinzu kommt die Aufgabe der Verbalisierung. Dies heißt, das, was man von der inneren Welt des Andern wahrnimmt, in sprachlich treffender Form wiederzugeben. Verbalisierungen sind umso förderlicher für die Selbstexploration, je flexibler, präziser und konkreter sie erfolgen. Bewährt hat sich dabei auch, den Bilderreichtum der Sprache zu nutzen. Der Erlebnisfluss des Gesprächspartners sollte weder durch zu häufiges und zu langes noch zu seltenes Intervenieren unterbrochen werden. Die Erfahrungen von Ausbildungskursen zeigen, dass sich einfühlendes Wahrnehmen und Verbalisieren durch Übungen bis zu einem gewissen Grad erlernen und verbessern lassen.

Um Missverständnissen vorzubeugen, ist noch einmal daran zu erinnern, dass es sich bei «Echtheit», «Wertschätzung» und «Einfühlung» zuallererst um Haltungen und Einstellungen, weniger um Techniken handelt. Haltungen können durch verschiedene Methoden und Interventionen realisiert werden. So zeigt die seelsorgliche Praxis immer wieder, dass Gesprächspartner nicht nur von der treffenden Verbalisierung gewinnen, sondern vor allem das Bemühen um Einfühlung spüren und schätzen. Sprachlich mag solches Bemühen manchmal nur ein hilfloses Stammeln zeitigen oder gar nur im stummen Aushalten der beiderseitigen Ohnmacht und Sprachlosigkeit sich ausdrücken. Aber gerade dies, so betonen Ratsuchende immer wieder, sei letztlich hilfreicher als «kalte», wohlgesetzte Sätze und Wendungen. Daran wird im Übrigen auch deutlich, dass Echtheit, Wertschätzung und Einfühlung eigentlich eine einzige Gesamthaltung umschreiben, aus der sich mehr theoretisch als praktisch die drei Aspekte voneinander abheben lassen.

6 Analyse eines Gesprächsanfangs

«Sie sind doch von der Kirche und da habe ich mir gedacht, Sie könnten mir vielleicht helfen ...» Diese Äußerung einer etwa 40jährigen Gesprächspartnerin zu Beginn eines Gesprächs kann ein kleines Übungsbeispiel abgeben, an dem sich illustrieren lässt, was Einfühlung und Verbalisierung in der personzentrierten Gesprächsseelsorge meinen.

Vielleicht hat man, wenn man sich in die Rolle einer haupt- oder ehrenamtlichen Seelsorgerin hineinversetzt, schon eine Antwort auf der Zunge:

- *«Ja, ich will's versuchen!»*
- *«Da bin ich mir nicht so sicher!»*
- *«Schießen Sie los! Worum geht es?»*
- *«Setzen Sie sich! Kann ich Ihnen etwas zu Trinken anbieten?»*
- *«Auch ich habe nicht auf alles eine Antwort!»*
- *«Es freut mich, dass Sie im Gegensatz zu vielen Zeitgenossen den Weg zur Kirche noch nicht aus dem Auge verloren haben!»*
- *«Haben Sie denn mit der Kirche schlechte Erfahrungen gemacht?»*

Eine personzentrierte Seelsorgerin versucht zuerst, sich die innere Welt dieser Frau zu vergegenwärtigen. Unterschiedliches könnte sie in dieser ersten Äußerung heraushören, z. B.:

– *«Die Frau möchte sagen, dass sie ein religiöses bzw. theologisches Problem hat, zu dessen Bewältigung sie von einer Fachtheologin Glaubensinformation erwartet!»* Die seelsorgliche Erfahrung zeigt freilich, dass Menschen relativ selten wegen fehlender Information einen Berater aufsuchen.

– *«Die Frau bringt zum Ausdruck, dass sie gewohnt ist, von Autoritäten Weisungen zu bekommen, die es ihr erleichtern zu leben, ohne selber für sich viel entscheiden zu müssen. Sie sucht eine (kirchliche) Autorität, auf die sie sich verlassen kann!»* Gerade von streng religiös sozialisierten Menschen wird diese Erwartung gegenüber Seelsorgerinnen und Seelsorgern immer wieder geäußert. Sie fühlen sich dann von eigener Verantwortung entlastet. Der zu zahlende Preis besteht in einer fortdauernden infantilen Abhängigkeit von Autoritäten, die die Rolle der Eltern in der Kindheit zugewiesen bekommen.

– *«Die Frau bringt zum Ausdruck, dass sie religiös ist. Sie möchte damit der Seelsorgerin eine Brücke bauen, sich näher mit ihrem Problem zu befassen!»* Zu bedenken ist bei diesem «Hörversuch», ob man sich hier nicht allzu weit vom konkret gesprochenen Wortlaut der Äußerung entfernt.

– *«Die Frau appelliert an das berufliche Ethos einer Seelsorgerin, dass sie sich als ‹Vertreterin der christlichen Nächstenliebe› jetzt von ihr in Beschlag nehmen lassen muss, unabhängig davon, ob sie Zeit hat oder nicht. Die Frau lockt die Beraterin damit in eine Falle!»* Die Gesprächspartnerin hätte sich damit einen mehr oder weniger wunden Punkt der Seelsorgerin zunutze gemacht, nämlich deren vermutete Schwierigkeit, Riesenansprüche von Gesprächspartnern zurückzuweisen. Zu bedenken wäre freilich, ob solche Wahrnehmungen nicht ständig, unabhängig von dieser Gesprächspartnerin, in einer gehetzten und überforderten Seelsorgerin «auf Abruf» bereitliegen.

– *«Die Frau hat schlechte Erfahrungen mit der Kirche gemacht und will sie folglich mit einer Vertreterin dieser Kirche bearbeiten!»* Auch hier wäre zu beachten, ob in einer Zeit, in der die Kirche verstärkt in der öffentlichen Kritik steht, nicht allzu vorschnell dieses Schema auf die Anfrage der Frau übertragen wird.

– *«Die Frau spricht davon, dass sie sich schon einige Zeit damit herumquält, ob sie jemand Außenstehenden überhaupt zur Bearbeitung ihres Problems hinzuziehen soll. Irgendwie hat sie Hemmungen, über ihr Problem zu sprechen. Sie sagt sich: ‹Wenn mich jemand verstehen kann, dann jemand von der Kirche!›»* Ohne es mit absoluter Treffsicherheit behaupten zu können, hat diese letzte Wahrnehmung einiges für sich. Hier schieben sich nicht gleich die Überlastungs- oder Selbstwertprobleme der Seelsorgerin wie ein fragwürdiger Filter vor die Brille. Es bleiben auch abwertende Etikette wie «autoritätsabhängig» oder «infantil» draußen. Zudem hält man sich mit seiner Wahrnehmung ziemlich eng an die Mitteilung der Frau.

Diese kleine Wahrnehmungsübung zeigt, wie vielschichtig bereits eine erste einleitende Äußerung in einem Gespräch sein kann und wie notwendig es ist, mit allen Antennen hinzuhören und hinzuschauen, um die innere Welt des Andern einigermaßen zu erahnen. Deutlich wird auch, wie allzu forsches Intervenieren auf Fährten führen würde, die das Anliegen der Gesprächspartnerin verfehlen.

Mit der einfühlenden Wahrnehmung allein ist es noch nicht getan. Wie könnte hier eine personzentrierte Antwort aussehen? «Die» Antwort gibt es nicht, sonst bräuchte man letztlich nur einen Computer auf «richtige» Antworten in Problemsituationen programmieren. Es gilt in der Antwort eine Richtung anzupeilen, die freilich jeder in seiner Weise, rückgebunden an die je individuellen Ausdrucksformen der Echtheit und Wertschätzung, zu gestalten hat. Im Sinne personzentrierter Seelsorge markieren diese Richtung Antworten wie diese:

– *«Sie plagen sich da mit etwas rum, und Sie glauben, dass ich als Seelsorgerin Sie noch am ehesten verstehen könnte?!»*
– *«Ich spüre, wie Sie mit sich gerungen haben, sich überhaupt jemandem anzuvertrauen!?»*
– *«Zu jemandem, die wie ich mit religiösen Dingen zu tun hat, haben sie noch am ehesten Vertrauen!?»*
– *«Sie wünschen sich, dass ich Ihnen jetzt als Seelsorgerin zuhöre!?»*

Wie in allen zwischenmenschlichen Belangen macht auch hier der Ton die Musik. Deshalb ist nicht alles von der Formulierung allein abhängig, sondern nonverbale Mimik und Gestik, Stimme, Sprachmelodie etc. gestalten die Antwort erheblich mit. Zweifellos aber räumen die vorgeschlagenen Verbalisierungen der Gesprächspartnerin viel Freiheit ein, ihr eigentliches Anliegen tastend und suchend zu erkunden und mitzuteilen. Darüber hinaus signalisiert man ihr Verständnis für ihr ängstliches Zögern, ohne dass sie fürchten muss, deswegen mit abwertenden Bemerkungen rechnen zu müssen. Sie kann ihre Angst und Reserviertheit dadurch allmählich loslassen und Vertrauen fassen, denn sie spürt, da bemüht sich jemand, ihre innere Welt behutsam wahrzunehmen.

7   Erweiterung durch Impulse der Psychologischen Therapie

Seit Carl Rogers in den vierziger Jahren des letzten Jahrhunderts den ersten Entwurf dieses Beratungskonzeptes vorgelegt hat, sind an der skizzierten «klassischen» Gesprächstherapie immer wieder Differenzierungen vorgenommen worden. Die verschiedenen Kennzeichnungen als «klientenzentrierte» oder «personzentrierte» Gesprächstherapie deuten solche Entwicklungsphasen an. In den letzten Jahren kamen ziel-, störungs- und prozessorientierte Ausprägungen[4] dazu. Manches davon wird in der «Psychologischen Therapie» von Klaus Grawe,[5] der darin die Erkenntnisse seiner vergleichenden Psychotherapieforschung zusammenfasst, aufgegriffen. Vieles, was Carl Rogers entwickelte, wird bestätigt, so die Bedeutung der Grundhaltungen, der vertrauensvollen Beziehung zwischen Begleiter und Gesprächspartner oder der Selbstexploration. Grawes Konzept erweitert jedoch die klassische Gesprächstherapie um vier «prozess-direktiv» angelegte Impulse, die auch für die Seelsorge in Lebenskrisen bedeutsam sind.

Demnach helfen Berater ihren Gesprächspartnern dann, wenn sie deren Selbstexploration in vier Zielrichtungen bestärken:

– Ressourcen aktivieren
– Probleme emotional aktualisieren
– Einstellungen bearbeiten
– Konkrete Handlungsschritte entwickeln.

Die zweite und dritte Aufgabe werden in der klassischen personzentrierten Beratung gut eingelöst. Weniger im Blick sind, Ressourcen zu aktivieren und konkrete Bewältigungsschritte zu erarbeiten.

Ressourcen aktivieren

Als Ressource kann jeder Aspekt des psychischen Geschehens, aber auch der gesamten Lebenssituation einer Person aufgefasst werden, also Motivationen, Wünsche, Abneigungen, Interessen, Überzeugungen, Wissen, Bildung, Fähigkeiten, Gewohnheiten, Religiosität, Aussehen, Kraft, Ausdauer, finanzielle Ausstattung, Wohnsituation, Beruf, Nachbarschaft, Mitgliedschaft in Vereinen, Freunde, Verwandte, etc. Es kommt darauf an, all dieses aus einer posi-

---

4   Vgl. *Sachse,* Gesprächspsychotherapie. *Miller/Rollnick,* Motivierende Gesprächsführung. *Bamberger,* Lösungsorientierte Beratung. *De Jong/Berg,* Lösungen. *Reichel/Rabenstein,* Kreativ beraten. *Lohse,* Kurzgespräch. *Ders.,* Trainingsbuch.
5   *Grawe,* Psychologische Therapie. *Ders.,* Neuropsychotherapie.

tiven Perspektive zu sehen. Ressourcen ergeben sich, indem man nicht die Defizite, sondern die Fähigkeiten und Potentiale in den Mittelpunkt der Wahrnehmung stellt.

Ressourcenaktivierung bezeichnet die Aufgabe in der beratenden Seelsorge, Merkmale und Potentiale aufzuspüren, die es dem Gesprächspartner ermöglichen, die Dynamik von Selbstabwertung und Selbstzweifeln zu beenden und die eigenen Fähigkeiten und Möglichkeiten in Blick zu nehmen. Damit entspricht der Berater einem Grundbedürfnis des Anderen. Der Gesprächspartner will nicht nur als Problemträger oder Patient, sondern auch in seinen «starken» Seiten wahrgenommen und bestätigt werden. Dies erhöht sein Selbstwertgefühl, sein Wohlbefinden nimmt zu und seine gesamte Lebenssituation entspannt sich. Er sieht sich besser in der Lage, selbst etwas für den Weg aus der Belastung zu tun. Seine aktive Mitarbeit wächst. Er unternimmt eigene Versuche der Problemlösung und wird dabei handlungsorientierter und experimentierfreudiger.

Problem aktualisieren

Was verändert werden soll, muss in der Begegnung mit dem Begleiter real vergegenwärtigt und erfahren werden. Es geht darum, dass die ratsuchende Person im Kontakt mit dem Berater wirklich erlebt, was sie stört, ängstigt oder belastet. Wenn der Begleiter darauf in seinen verbalen und nonverbalen Mitteilungen echt, wertschätzend und einfühlsam antwortet, dann spürt, fühlt und ahnt die andere Person, dass es so auch sonst, außerhalb der Beratungssituation, gehen könnte. Sie erlebt ihr Problem in einem für sie angstfreien und entspannten Klima. Das stellt das bislang mit Angst oder Deprimiertheit besetzte Thema in einen neuen emotionalen Rahmen. Deshalb ist es auch sehr entscheidend, dass sich der Begleiter von den Gefühlen, die der Gesprächspartner im Zusammenhang seines Problems nacherlebt, nicht anstecken lässt, nicht seinerseits ängstlich oder deprimiert reagiert.

Die Vergegenwärtigung und Klärung eines Problems erfolgt in der Regel nicht mühelos und linear. Vielmehr ist damit zu rechnen, dass der Gesprächspartner von der Tendenz geleitet ist, für ihn kritische Themen, negative Affekte und die damit verbundene Bedrohung seines – fragilen – Selbstwertgefühls zu vermeiden. Er hat bereits lange vor der Beratung Strategien «erfunden» und automatisiert, die ihm helfen, die Konfrontation mit den angstbesetzten Aspekten seines Problems zu umgehen. Diese unbewussten Vermeidungsmuster stabilisieren das Problem und verhindern, es zu vergegenwärtigen und klar zu betrachten. Problembearbeitung bedeutet deshalb, dem

Partner dabei zu helfen, seine Vermeidungstendenz gegenüber der Konfrontation mit sich selbst zu reduzieren und ihn zu ermutigen, sich den ausgeblendeten Eigenanteilen im Zusammenhang mit dem Problem zu stellen. Ein guter Berater versucht deshalb, seinen Gesprächspartner am Konfliktbereich zu halten. Ohne Ressourcenaktivierung bleibt die Vergegenwärtigung des Problemerlebens erfolglos. Es kommt deshalb auf eine gute Balance von Ressourcenaktivierung und Problemaktualisierung an.

Einstellungen klären

Damit ein Gesprächspartner in der Bearbeitung seiner Situation weiter kommt, braucht es über die Problemaktualisierung hinaus Klärung der mit dem Problem verbundenen Motive, Wahrnehmungs-, Denk- und Gefühlsschemata, des Selbstkonzeptes, sowie der verinnerlichten Ziele und Werte. Diese inneren Strukturen bestimmen sehr stark die Genese der Belastung, aber auch die Chancen für das seelische Wachsen.

Man kann die vielschichtigen kognitiven, emotionalen und motivationalen Bewertungsstrukturen mit dem Sammelbegriff «Einstellungen» bezeichnen. Einstellungen sind gelernt und relativ stabil. Sie steuern das Handeln und die Art und Weise, wie Personen ihre individuelle soziale Realität konstruieren. Ereignisse, Erfahrungen, aber auch Probleme zu sehen, zu bewerten, zu emotionalisieren und darauf zu reagieren, ist Produkt unserer erlernten Einstellungen. Max Frisch meinte einmal: «Jeder Mensch erfindet sich eine Geschichte, die er – oft unter großen Opfern – für sein Leben hält.» Es kommt in der Beratung darauf an, die subjektiven Hypothesen, die die Lebensrealität bestimmen, aber auch erschweren, zu entschlüsseln und nötigenfalls zu verändern. Eine zentrale Aufgabe im Begleiten und Bearbeiten einer Problemsituation lautet deshalb: Einstellungen klären! Verschiedene Teilschritte sind dabei zielführend, wie das Vergegenwärtigen von Einstellungen und das Verbalisieren und selbstkritische Bearbeiten von unbewussten Leitsätzen.

Konkrete Handlungsschritte entwickeln

Die personzentrierte Beratungspsychologie geht mit Lösungen sehr vorsichtig um. Sie verbietet es dem Begleiter geradezu, dem Gesprächspartner vorschnelle Lösungen mitzugeben. Der Grund dafür wird aus dem Gewicht deutlich, das den inneren Strukturen, den Einstellungen, Affekten, Motiven, Zielen, Vermeidungstendenzen etc. bei der Entstehung und Stabilisierung eines Problems zukommt. Jede Lösung bedeutet deshalb auch ein Loslassen von subjektiven Maximen, Idealen und Illusionen. Oft liegen «Lösungen» sogar in der Richtung des stärksten Vermeidungsverhaltens. Solange deshalb in die subjektive innere Problemkonstruktion keine Bewegung kommt, so die Theorie der personzentrierten Beratung, ist keine dauerhafte «Klärung» und «Lösung» zu erwarten. Allerdings hat diese «Lösungsabstinenz» in Konzept und Praxis der Gesprächstherapie auch dazu geführt, Lösungen im Sinne konkreter Schritte zu vernachlässigen. Von der vergleichenden Psychotherapieforschung wird der personzentrierten Beratung nahegelegt, die förderlichen Wirkungen stärker zu nutzen, die mit der Erarbeitung konkreter Bewältigungsschritte verbunden sind.

Handlungsschritte umfassen mehrere Aspekte. Alles, was zur Problemaktualisierung, Ressourcenorientierung und Einstellungsklärung gesagt wurde, ist bereits in einem weiten Sinn Erarbeiten von Handlungsschritten. Oft zeigt sich sogar, dass bereits das Klären der inneren Schemata, die Überwindung der Vermeidungstendenz, die emotionale Entlastung oder die inhaltliche Strukturierung des Problems das Maß an Lösung bilden, das der Gesprächspartner im Augenblick braucht und erwartet. Anders gesagt: Eine gute Beratung ist nicht erst dann abgeschlossen, wenn über die Klärungs- und Aktualisierungsarbeit hinaus noch konkrete Handlungsschritte definiert werden. So sagen Gesprächspartner nach einer Beratung manchmal sinngemäß: «Das Wichtigste war, dass Sie mir zugehört haben, mich herausgefordert haben, an meinen Einstellungen zu arbeiten. Jetzt sehe ich die Dinge etwas anders. Ich brauchte keinen Ratschlag, sondern Klärung!»

Dennoch kann auch die Arbeit an konkreten Handlungsschritten für den Gesprächspartner außerordentlich bedeutsam sein. Sie kann ein enormes Hoffnungspotential entfalten und aktiviert dadurch bislang noch nicht genutzte Ressourcen. Der Gesprächspartner kann entdecken, dass er – entgegen seinem bisherigen Selbstbild und seiner Problembeschreibung – nicht ohnmächtig und passiv auf Besserung warten muss, sondern sich selbst in eine gewünschte, entspanntere Zukunft steuern kann. Dies untermauert seine Zuversicht, verschafft ihm schrittweise kleine Erfolgserlebnisse und hebt seine Stimmung.

Möglichkeiten und Grenzen personzentrierter Gesprächsseelsorge

Personzentrierte Gesprächsseelsorge zielt auf helfende Gespräche im pastoralen, gemeindlichen oder familiären Alltag. Sie trägt dazu bei, Probleme von Gesprächspartnern besser wahrzunehmen. Mit ihrer Hilfe lassen sich Konflikte bewältigen, Entscheidungen verantwortungsbewusst treffen, Widerstände bearbeiten, Krisensituationen durchstehen und Ängste abbauen. Sie bietet sich an in der Trauerbegleitung oder beim Besuch am Krankenbett. Durch die Helferhaltung der Echtheit, Wertschätzung und Einfühlung gewinnen sowohl geistliche als auch andere Gespräche in Seelsorge, Caritas und Religionsunterricht an Tiefgang. Es gelingt dadurch, Kommunikation und Beziehungen in den verschiedenen sozialen Feldern besser zu gestalten.

In Konfliktfällen löst der Seelsorger nicht unmittelbar die Probleme des Andern, sondern schafft eine Atmosphäre, durch die im Gesprächspartner dessen eigene Selbstheilungskräfte und Hilfsquellen vitalisiert werden. Mit diesen, vom Glauben her zu deutenden Ressourcen kann jemand darin wachsen, die unlösbaren Probleme des Lebens konstruktiv auszuhalten.

Personzentrierte Gesprächsseelsorge ist somit keine Psychotherapie und will auch nicht die fachliche psychotherapeutische Hilfe, die bei seelischen Störungen unverzichtbar ist, ersetzen. Sie unterscheidet sich auch von der Psychoanalyse, wo auf Deutung von verdrängten Kindheitskonflikten, Träumen und Übertragungsphänomenen Wert gelegt wird.

Theologisch orientiert sich die personzentrierte Gesprächsseelsorge an jesuanischen Haltungen, die mit den von Carl Rogers erarbeiteten Basiseinstellungen stark konvergieren, ohne freilich deren humanistisches Menschenbild mit zu umfassen. Sie will durch die Haltung der Echtheit, Wertschätzung und Einfühlung etwas von der treuen Sorge Gottes um den Menschen in seiner existentiellen Gebrochenheit aufscheinen lassen. Damit gibt sie gerade auf die elementare Heilungs- und Gottesbedürftigkeit des modernen Menschen eine Antwort. Sie tut kund, dass das Grundleiden der Moderne, die Unfähigkeit zur «Annahme seiner selbst» (Romano Guardini) als ein schuldverstricktes, kränkbares und vom Tod infiziertes Wesen, sich im Horizont des guten Gottes überwinden lässt. Personzentrierte Seelsorge «lehrt» durch ihre Praxis eine Kultur des Fragments, die besagt, dass wir vor Gott unvollkommene, bruchstückhafte Menschen sein dürfen und dadurch nichts an Liebenswürdigkeit verlieren. Damit plädiert diese Methode der Pastoral für eine Seelsorge um der Menschen willen und richtet sich gegen jede moralisierende oder indoktrinierende Pastoral in der Kirche.

Literatur

Bamberger, Günter G.: Lösungsorientierte Beratung, Weinheim/Basel [3]2005.

Baumgartner, Isidor: Pastoralpsychologie, Düsseldorf [2]1990.

Ders.: Heilende Seelsorge in Lebenskrisen, Düsseldorf 1992.

De Jong, Peter/Berg, Insoo Kim: Lösungen (er-)finden, Dortmund [4]2004.

Gärtner, Heiderose: Gute Gespräche führen. Ein Arbeitsbuch für gelingende Besuche im Krankenhaus, Altenheim und in der Gemeindearbeit, Gütersloh 2004.

Grawe, Klaus: Psychologische Therapie, Göttingen/Bern/Toronto u. a. 1998.

Ders.: Neuropsychotherapie, Göttingen/Bern/Toronto u. a. 2004.

Lemke, Helga: Seelsorgliche Gesprächsführung, Stuttgart 1992.

Dies: Personzentrierte Beratung in der Seelsorge, Stuttgart/Berlin/Köln 1995.

Lohse, Timm H.: Das Kurzgespräch in Seelsorge und Beratung, Göttingen [2]2006.

Ders.: Das Trainingsbuch zum Kurzgespräch, Göttingen 2006.

Miller, William R./Rollnick, Stephen: Motivierende Gesprächsführung, Freiburg i. Br. 2004.

Reichel, René/Rabenstein, Reinhold: Kreativ beraten. Methoden und Strategien für kreative Beratungsarbeit, Coaching & Supervision, Münster 2001.

Rogers,Carl R./Schmid, Peter F.: Personzentriert. Grundlagen von Theorie und Praxis, Mainz [3]1998.

Sachse, Rainer: Lehrbuch der Gesprächspsychotherapie, Göttingen/Bern/Toronto u. a. 1999.

Schwermer, Josef: Das helfende Gespräch in der Seelsorge, Paderborn [3]1991.

Ders.: Gespräche, die weiterhelfen. Übungsprogramm für seelsorgliche Berufe, Paderborn [4]1991.

Tausch, Reinhard: Gesprächspsychotherapie, Göttingen [5]1973.

Wetter-Parasie, Jost/Parasie, Luitgardis: Gut beraten! Seelsorge für Einsteiger, Stuttgart 2004.

Der logotherapeutische Ansatz
in der Krisenintervention

Giosch Albrecht

Der logotherapeutische Ansatz hat ein ganzheitliches Menschenbild zur Grundlage. Wirksamkeitsstudien, die seine Methoden kritisch überprüften, haben gezeigt, dass ein menschenbildorientierter Dialog von höchster Effizienz ist.

1   Was ist die Logotherapie?

Logotherapie ist die vom Wiener Nervenarzt, Psychiater und Philosoph Viktor E. Frankl in den dreißiger Jahren begründete sinnzentrierte Psychotherapie. Frankl wurde als Sohn jüdischer Eltern 1905 in Wien geboren. Wie Hinweise aus seiner Biographie belegen, war er seit seiner Kindheit ein aufgeweckter, dynamischer und stets neugieriger Geist. Alles interessierte ihn. Bereits als Schüler der Mittelschule besuchte er an der Volkshochschule philosophische und psychologische Vorlesungen. Er war zunächst ein eifriger Anhänger der Psychoanalyse Sigmund Freuds. Als fünfzehnjähriger Mittelschüler korrespondierte er über Jahre mit Freud, der seinerseits den jungen Frankl sehr ernst nahm und dessen Briefe postwendend beantwortete. Im Alter von 19 Jahren sandte Frankl ohne irgendwelche Ambitionen einen kleinen Artikel an Freud. Dieser fand den Beitrag veröffentlichungswürdig und schickte ihn an die Internationale Zeitschrift für Psychoanalyse mit der Bitte um Veröffentlichung. Dort erschien der Beitrag dann einige Zeit später. Als der Artikel erschien, war Frankl in der Zwischenzeit jedoch bereits zu Alfred Adler übergetreten und wurde dessen Schüler. Er glaubte, bei Adler im Vergleich zu Freud einen Fortschritt gefunden zu haben hinsichtlich der Frage, was den Menschen zum Menschen macht. Trotz der sehr kritischen Auseinandersetzung mit Freud und Adler im Verlaufe der Jahre respektierte Frankl aber beide zeitlebens als geniale Gelehrte. Er war der festen Überzeugung, dass auch künftighin keine Psychotherapie Freud und Adler übersehen dürfe. Über

Adler schrieb Frankl noch, nachdem dieser ihn «wegen Unorthodoxie» aus der individualpsychologischen Gesellschaft Wiens ausgeschlossen hatte: «Wer ihn kannte, musste ihn als Menschen lieben, und wer mit ihm arbeitete, musste ihn als Wissenschaftler bewundern; denn die Individualpsychologie bedeutet eine kopernikanische Wendung. Ja, mehr als das: Adler ist ein Vorläufer der existentiellen Psychiatrie. Ich habe also die Nabelschnur, die mich – nach wie vor – mit der Individualpsychologie verbindet, nicht verleugnet.»[1]

Frankls Menschenbild, das er seiner Menschenbehandlung zugrunde legte, war nicht irgendeine von ihm willkürlich produzierte phantasievolle theoretische Konstruktion, sondern vielmehr eine Entdeckung aus der Auseinandersetzung mit Sigmund Freud, mit Alfred Adler und mit den großen Ärzten und Philosophen seiner Zeit (wie z. B. mit Eduard Hitschmann, Paul Schilder, C. G. Jung, Oswald Schwarz, Rudolf Allers, Edmund Husserl, Max Scheler, Martin Buber, Martin Heidegger, Ludwig Binswanger, Karl Jaspers, Nicolai Hartmann usw.) sowie aus Beobachtungen von gewöhnlichen Menschen von der Straße, wie Frankl des Öfteren sagte, oder wie sie in ihrem Alltag vorkommen.

Die Forscherneugier Frankls galt besonders diesen gesunden Menschen. Was er vor allem zu entdecken versuchte, war das trotz allem noch Gesundgebliebene, d. h. die heil gebliebenen Ressourcen. Von diesem Bemühen her wollte seine Psychotherapie nicht so sehr eine aufdeckende als vielmehr eine entdeckende und eine entdeckenlassende psychotherapeutische Methode sein. Der Mensch, der da untersucht wird, ist nicht einfach eine Kombination von Umwelt, Erbe und psychophysischen Anlagen. Er besitzt eine Möglichkeit der Selbstgestaltung und der Selbstverfügung wie sonst kein anderes Lebewesen. Physis und Psyche bilden für den menschlichen Geist das zu gestaltende Material. In seiner «ärztlichen Seelsorge» schrieb Frankl: «Das biologische Schicksal ist für die menschliche Freiheit das jeweils erst noch zu gestaltende Material. Dies ist, vom Menschen her gesehen, sein letzter Sinn … Wir begegnen immer wieder Menschen, denen es in vorbildlicher Weise gelungen ist, die ursprünglichen Einengungen und Beschränkungen ihrer Freiheit vom Biologischen her, die Schwierigkeiten, die sich ihrer Geistesentfaltung anfangs entgegenstellten, zu überwinden».[2] Als junger Psychiater hatte er den so genannten «Selbstmörderinnenpavillon» der städtischen Wiener Nervenklinik zu betreuen. Dabei hat er unzählige Erfahrungen an depressiven Patienten

---

1 *Frankl,* Logotherapie 249.
2 *Frankl,* Ärztliche Seelsorge 127.

gesammelt, ihre Kindheitserinnerungen und ihre Vorgeschichten aufgezeichnet, ihre genetische Herkunft studiert. Dabei widerstand er der Versuchung, die gesamten Krankheitsverläufe in der Folge einfach davon abzuleiten. Er verglich stattdessen seine gesammelten Daten mit einer Kontrollgruppe nicht depressiver und psychisch stabiler Männer und Frauen, in deren Kindheitserinnerungen und Vorgeschichte es ebenfalls Narben und Wunden, Unebenheiten und Erziehungsfehler der Eltern und auch Depressionstendenzen bei den Vorfahren gab. Dennoch waren sie gesund geblieben. Dieser Befund verstärkte seine Ansicht, dass es noch eine dritte Komponente geben müsse, die entscheidet, in welchem Grad Umwelt- und Erbeinflüsse sich im Lebenslauf eines Menschen auszuwirken vermögen. Und diese dritte Dimension nennt Frankl die «geistige Person des Menschen».

Aufgrund des Vergleichs vom Bild des Menschen im normalen Alltag mit jenem Menschenbild, das damals in wissenschaftlichen Kreisen vorwiegend präsentiert wurde, forderte Frankl, dass die vernachlässigte geistige Dimension, die als die eigentlich humane bezeichnet werden müsse, zum Psychophysikum hinzugefügt werde.

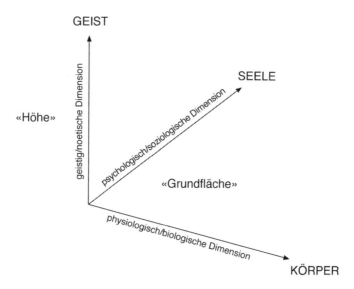

Abb. 1: Das dreidimensionale Menschenbild der Logotherapie.

Das Geistigsein des Menschen darf aber nicht einfach mit Intelligenz oder mit Talenten verwechselt werden. Auch Tiere können intelligente, wenn auch nicht geistige Wesen sein. Max Scheler, der Hausphilosoph Viktor Frankls, sah die Äußerungen des Geistigseins des Menschen in mehreren Eigenschaften. Eine davon ist die «Sachlichkeit». Was heißt das? Der Mensch vermag die Dinge in ihren Zusammenhängen und Bedeutungen, auf ihren inneren Wert hin zu transzendieren. Als Illustration wies Scheler auf Ergebnisse von Studien des Direktors der Anthropoiden-Forschungsstation auf Teneriffa, Wolfgang Köhler, hin. Dieser experimentierte mit Schimpansen (1913–1917) und stellte fest, dass Bananen, die die Forscher den Schimpansen ungeschält in die Hand gaben, sofort geschält und gefressen wurden. Wurden die Bananen aber halb geschält hingereicht, flohen die Schimpansen vor ihnen. Sie erkannten und wertschätzten den Höflichkeits- oder Liebesdienst des Forschers nicht. Von Menschen würde man im Normalfall in solchen Situationen erwarten dürfen, dass sie diesen Liebesdienst mit einem ebenso liebenswürdigen: «Danke schön, Du bist nett» erwidern. Die halbgeschälte Banane, die so offeriert wird, kann eben Ausdruck von mehr sein als nur von etwas «Essbarem». In solchen möglichen Verhaltensweisen des Menschen kann man so etwas wie ein Aufscheinen seiner Geistigkeit sehen.

Weitere Eigenschaften dieses menschlichen Geistigseins drücken sich nach Scheler in der Weltoffenheit, im Selbstbewusstsein, in Freiheit und Verantwortlichkeit und in der Fähigkeit zur Selbstdistanzierung und zur Selbsttranszendenz aus. Betrachten wir die zwei letztgenannten Eigenschaften, so sehen wir, dass es sich hier um Fähigkeiten handelt, einerseits zu sich selbst Stellung nehmen und andererseits über sich selbst hinauswachsen zu können.

In Distanz zu sich selbst ist der Mensch nicht einfach fixiert auf den dunklen Punkt, den er entdeckt oder erlebt in seinem Leben. Von da her kann er dazu geführt werden, neue Horizonte, Alternativen, positive Möglichkeiten, Ressourcen, vielfältige Werte zu entdecken, die neue Hoffnungen aufkeimen lassen und offen machen für den Glauben, die bestehenden Probleme lösen oder tragen zu können. In solcher Selbstdistanzierung nimmt er die Fragen des Lebens wahr und beginnt als Angefragter Antworten zu geben und sein Leben zu verantworten. Aus dieser Erkenntnis wächst der Mensch auch über sich hinaus (Selbsttranszendenz), entdeckt sich selbst neu und verwirklicht sich selbst in der Hingabe an sinnvolle Aufgaben oder in der Liebe zu Personen. Die Logotherapie spricht in diesem Zusammenhang von der Selbstverwirklichung über den Umweg der Selbsttranszendenz. Frankl pflegte die menschliche Selbsttranszendenz in einem Vergleich mit dem menschlichen

Auge zu erläutern, dessen Sehtüchtigkeit zur Voraussetzung habe, dass es sich selbst nicht sehen könne, sondern übersehen müsse (z. B. beim Grauen Star sieht das Auge etwas von sich selbst, die eigene Linsentrübung). Genau so sei der Mensch ganz Mensch und ganz er selbst nur in dem Maße, in dem er in der Hingabe an eine Aufgabe oder an einen Mitmenschen sich selbst übersehe und vergesse. Demgegenüber laufe die pseudohumanistisch-psychologische Rede von der «Selbstverwirklichung» auf eine glatte Irreführung hinaus. Selbstverwirklichung sei niemals auf direktem Weg intendierbar, sondern stelle sich immer nur als unbeabsichtigte Nebenwirkung von Selbsttranszendenz ein. So war er auch der festen Überzeugung, die Menschen seien nicht so sehr darauf aus, glücklich zu sein, als vielmehr darauf aus, einen Grund zu haben, um glücklich zu sein. Es ist wohl unsere allgemeine Alltagserfahrung, dass echte, menschliche Emotionen, echte Freude, echtes Vertrauen, echte Hoffnung, echte Liebe usw. stets wesentlich begründet, d. h. nicht direkt intendiert sein müssen und dürfen. Nach Frankl scheitert das Lustprinzip an sich selbst. Er prägte in diesem Zusammenhang den Satz: «Je mehr es dem Menschen um Lust geht, umso mehr vergeht sie ihm auch schon».[3] Abraham Maslow, der Begründer der Humanistischen Psychologie, bei dem auf der obersten Spitze seiner bekannten Bedürfnispyramide die Selbstverwirklichung stand, stimmte in seinen letzten Publikationen Frankl zu. Er schrieb: «Meine Erfahrung stimmt mit Frankl überein, dass die Selbstverwirklichung von jenen Leuten, die diese direkt anstreben, in Wirklichkeit nicht erreicht wird. Ich stimme ganz mit Frankl überein, dass das ursprüngliche Anliegen des Menschen sein Wille zum Sinn ist».[4] Solche Erkenntnisse dürften bei der Aufforderung zur selbsttranszendentalen Nächstenliebe in pastoral-psychologischen Ansätzen in der Seelsorge nicht übersehen und unerwähnt bleiben. «Liebe deinen Nächsten wie dich selbst» ist nämlich von großer sozialpsychologischer, aber vor allem auch von individueller, psychohygienischer Bedeutung.

2   Zur Stellung der Religiosität in der Logotherapie

Bei einer kurzen Präsentation der Logotherapie ist ein kurzer Hinweis zur Stellung der Religiosität in der Logotherapie wichtig. Im ganzheitlichen Menschenbild der Logotherapie ist die Fähigkeit des Menschen zur Religiosität

---

3   *Frankl,* Wille zum Sinn 20.
4   *Maslow,* Comments.

nicht im Psychischen, sondern in seinem Geistigsein und in der damit zusammenhängenden Fähigkeit zur Selbsttranszendenz begründet.

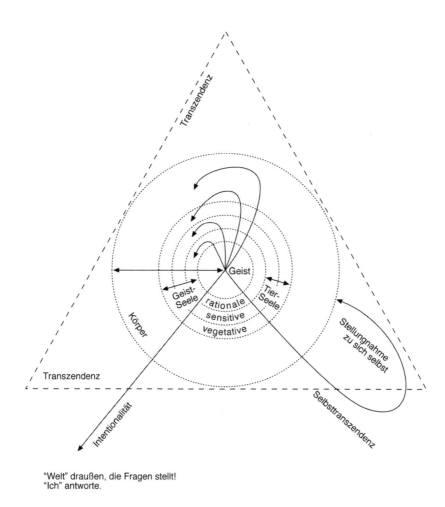

Abb. 2: Die geistige Dimenion des Menschen als Grundlage für Selbsttranszendenz und Selbstdistanz.

Freud sah Religiosität im Psychischen begründet und betrachtete sie als eine Kollektivneurose der Menschheit. In ähnlicher Weise wertete er die menschliche Frage nach dem Sinn. An seine Patientin und Schülerin Marie Bonaparte

49

schrieb er: «Im Moment, da man nach Sinn und Wert des Lebens fragt, ist man krank ...».[5]

Wie aber die Menschheitsgeschichte zeigt, ist Religiosität ein menschliches Phänomen. Nach Frankl kann die Religiosität eines Menschen von der Psychotherapie nicht zum Standort oder Standpunkt gemacht werden, den sie vertritt. Sie kann unter Umständen aber zum Objekt der Betrachtung werden. Welche Bedeutung eine solche psychotherapeutische Einstellung hat, wird klar, wenn es bei C. G. Jung in seinem Buch «Psychologie und Religion» heißt:

> «Ich möchte folgende Tatsachen zum Bedenken geben: Seit 30 Jahren habe ich eine Klientel aus allen Kulturländern der Erde. Viele Hunderte von Patienten sind durch meine Hände gegangen; es waren in der Großzahl Protestanten, in der Minderzahl Juden und nicht mehr als fünf bis sechs praktizierende Katholiken. Unter allen meinen Patienten jenseits der Lebensmitte, das heißt jenseits 35, ist nicht ein Einziger, dessen endgültiges Problem nicht das der religiösen Einstellung wäre. Ja jeder krankt in letzter Linie daran, dass er das verloren hat, was lebendige Religionen ihren Gläubigen zu allen Zeiten gegeben haben, und keiner ist wirklich geheilt, der seine religiöse Einstellung nicht wieder erreicht, was mit Konfession oder Zugehörigkeit zu einer Kirche natürlich nichts zu tun hat. – Hier breitet sich für den Seelsorger ein ungeheures Gebiet aus. Aber es scheint fast, als ob es noch niemand bemerkt hätte. Es hat auch nicht den Anschein, als ob der protestantische Seelsorger von heute genügend ausgerüstet wäre, um dem gewaltigen seelischen Anspruch unserer Zeit zu genügen».[6]

Die Freudsche Definition der Religiosität als Kollektivneurose der Menschheit wurde hier von seinem Schüler nicht mehr akzeptiert. Frankl sprach von der «Pioniertat» C. G. Jungs, übte andererseits aber auch faire Kritik an dessen Begründung von Religiosität:

> «Das aber war der große Fehler von C. G. Jung; denn mag dieser Forscher auch zweifelsohne das Verdienst haben, innerhalb des Unbewussten auch das Religiöse gesehen zu haben, so beging er dennoch den grundlegenden Fehler, die unbewusste Religiosität wiederum ins Es-hafte abgebogen zu haben: er hat den ‹unbewussten Gott› falsch lokalisiert ... für das Religiöse in seinem Sinn war das Ich gleichsam nicht zurechnungsfähig, nicht zuständig; noch immer war das Religiöse nicht in der Verantwortung und in der Entscheidung des Ich .... Denn bei Jung ist die unbewusste Religiosität gebunden an religiöse Archetypen, demnach an Elemente des archaischen bzw. des kollektiven Unbewussten .... Wir aber meinen, dass gerade die Religiosität schon darum keinem kollektiven Unbewussten entspringen könnte, weil sie zu den persönlichen, ja den persön-

---

5   *Freud,* Briefe 429.
6   *Jung,* Psychologie und Religion 138.

lichsten, eben zu ich-haften Entscheidungen gehört – die zwar sehr wohl unbewusst sein können, deshalb aber noch lange nicht der es-haften Triebsphäre angehören müssen. Für Jung und seine Schule aber ist die unbewusste Religiosität etwas wesentlich Triebhaftes; ja H. Bänziger erklärt rundweg: ‹Wir können von einem religiösen Trieb sprechen, wie von einem Sexual- oder Aggressionstrieb›. Wir aber fragen: Was wäre das schon für eine Religiosität, zu der ich getrieben bin – getrieben wie zur Sexualität? … Denn echte Religiosität hat nicht Triebcharakter, sondern Entscheidungscharakter; Religiosität steht mit ihrem Entscheidungscharakter – und fällt mit ihrem Triebcharakter. Denn Religiosität ist entweder existentiell, oder sie ist gar nicht».[7]

Ähnlich wie der religiöse Glaube ist die Sinnentdeckung, wie schon erwähnt, ein transzendentaler Akt. Sinn liegt draußen in der Welt. Es gilt, sich aufzumachen, um ihn zu entdecken. Wie bedeutungsvoll die Frage nach dem «Wozu» unseres Daseins auf Erden ist, lässt sich auch daran ablesen, dass sie in den alten Katechismen als erste Frage bedacht werden sollte. Eine Antwort auf die Frage nach dem Sinn zu finden, heißt nach Albert Einstein, bereits religiös zu sein. Er war der Überzeugung: «Wer sein eigenes Leben und das seiner Mitmenschen als sinnlos empfindet, der ist nicht nur unglücklich, sondern auch kaum lebensfähig.»[8] Nach Einstein liegt die Religiosität des Forschers ebenso in einer selbsttranszendentalen Ausrichtung: «im verzückten Staunen über die Harmonie der Naturgesetzlichkeit, in der sich eine so überlegene Vernunft offenbart, dass alles Sinnvolle menschlichen Denkens und Anordnens dagegen ein gänzlich nichtiger Abglanz ist. Dies Gefühl ist das Leitmotiv seines Lebens und Strebens, insoweit dieses sich über die Knechtschaft selbstischen Wünschens erheben kann. Unzweifelhaft ist dies Gefühl nahe verwandt demjenigen, das die religiös schöpferischen Naturen aller Zeiten erfüllt hat».[9]

Das Gefühl des Staunens als Leitmotiv seines Strebens, wie Einstein es nennt, weist auf das hin, was die Logotherapie sowohl über die Sinnentdeckung als auch über die Religiosität annimmt. Sie geschieht nicht nur über einen kognitiven, sondern auch und oft vor allem über einen intuitiven, emotionalen Weg. Max Planck, ein anderer, berühmter Naturwissenschafter, wagte an einem Gelehrtenkongress in Florenz diese von Einstein erwähnte «überlegene Vernunft» konkret als «Gott» zu bezeichnen, so wie alle Völker seit Urzeiten ihn genannt haben.

7 *Frankl,* unbewusste Gott 57 ff.
8 *Einstein,* Mein Weltbild 11.
9 Ebd. 21.

3   Was will die Logotherapie?

Sie will den ihr vertrauenden Klienten oder Patienten zum Bewusstwerden dessen führen, was im Unter- und Unbewussten schlummert. Sigmund Freuds großes Verdienst war wohl seine Entdeckung des psychisch Unbewussten und dessen oft unbewusste Auswirkungen auf konkrete jeweilige Einstellungen und auf das bewusste Fühlen und Verhalten. Die heilende Wirkung der Psychotherapie bestand dann darin, das im Unbewussten Verborgene ins Bewusstsein zu heben, um so zu versuchen, dessen schädliche, krankmachende Auswirkungen doch etwas in den Griff zu bekommen.

Man könnte die Kräfte des Bewussten und Unbewussten mit einem Eisberg vergleichen. Es dürfte erfahrbar sein, dass die größten seelischen Kräfte, wie beim Eisberg, im Verborgenen, im Unbewussten liegen und gar oft von daher auch wirken. Die Titanic wurde damals bekanntlich nicht durch den Brocken Eis zerstört, der aus der Wasseroberfläche hervorschaute, sondern durch jenen, der verborgen in der Tiefe seine Wucht und Gewalt ausübte. Das im Unterbewussten Verborgene mag lange Zeit schlummern. Irgendwelche Ereignisse in der Welt der bewussten Erfahrungen können Verborgenes wieder wecken und seine ganzen Kräfte mobilisieren. Es können negative und zerstörerische Kräfte sein, wie bei der Titanic-Katastrophe. Doch Gott sei Dank schlummern auch positive Kräfte in unserem Unbewussten, die wir bewusst und uns zu Nutze machen sollten.

Es war daher Frankls Anliegen, dem möglicherweise im Unbewussten liegenden Krankmachenden und Schädlichen durch Aktivieren von weiteren

---

10 Zur Abb. 3: Hier werden Entwicklungsphasen des Bewussten und Unbewussten dargestellt. In der Literatur wird das Verhältnis von «Bewusstem» und «Unbewusstem» da und dort mit 1: 6 (1/7 Bewusstes, 6/7 Unbewusstes) angegeben. Wir können es als Vergleich stehen lassen. Das Unbewusste bleibt ein dynamisches Gebilde, das immer wieder von Erfahrungen und Erlebnissen positiver und negativer Art im Verlaufe eines Lebens angereichert wird. Je nachdem, welche Erlebnisse und Ereignisse zu einem Zeitpunkt 3 oder xy auf einen Komplex von ehemals gemachten positiven oder negativen Erfahrungen treffen, wird mein Bewusstsein in entsprechender Weise reagieren: mit einer guten oder unguten Stimmung, mit belastenden Träumen usw. Woher die Stimmungen dann stammen, ist den Menschen vielfach nicht bewusst. Falls sie sich zerstörerisch auswirken, muss ihre Herkunft, wenn möglich, bewusst gemacht werden. Nach logotherapeutischer Auffassung kann dabei das Bewusstmachen noch anderer Tiefenschichten des Unbewussten notwendig werden; siehe dazu unten Abb. 4.

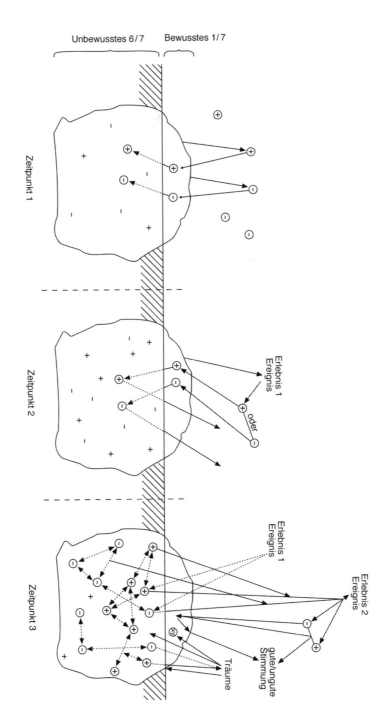

Abb. 3: Das Unbewusste als komplexes Gebilde in dynamischer Fortentwicklung[10].

53

Schichten des Unbewussten entgegenzutreten. Er wollte zeigen, dass neben dem psychisch Unbewussten auch noch ein geistig Unbewusstes in uns schlummere, das wir uns bewusst machen sollten, um geheilt zu werden.

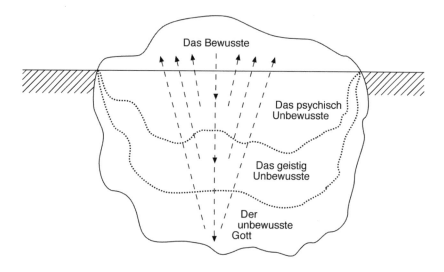

Abb. 4: Ebenen des Unbewussten.

Zum geistig Unbewussten gehören Eigenschaften, die von der Zeugung an zum Wesen des Menschen gehören. Sie sind aber nicht von Anfang an und ständig im Bewusstsein präsent. So muss die Tatsache dem Menschen ins Bewusstsein gehoben werden, dass er frei ist, dass er entscheiden kann, dass er für seine Entscheidungen verantwortlich ist, dass er sich nach Sinn sehnt, dass er unruhig ist und bleibt, bis er Ruhe findet in der Quelle, aus der er stammt. Augustinus nannte diese Quelle Gott. Das Bewusstmachen des geistig Unbewussten stellt im eigentlichen Sinn eine Mobilisierung der gesund gebliebenen und immer gesund bleibenden geistigen Kräfte dar. Bei dieser Bewusstwerdung steht für die Logotherapie zwar auch, aber weniger das Pathogenetische als vielmehr das Salutogenetische im Vordergrund.

4 Was macht die Logotherapie?

Logos-Therapeia kann durchaus auch als Pflege vom Geistigen gesehen werden, jedoch nicht im Sinne von Heilung des Geistigen, denn der Geist kann bekanntlich nicht erkranken, sondern nur in seiner Wirksamkeit behindert sein. Logotherapie ist eine Psychotherapie, die vom Geistigen ausgeht, in die anderen Dimensionen menschlichen Seins einwirkt und so in bestimmten, spezifischen Situationen auch zur spezifischen Psychotherapie wird. Als Psychotherapie, die von einem mehrdimensionalen Menschenbild ausgeht, fordert sie auch mehrdimensionale Ansätze im therapeutischen Tun. Wer dies nicht beachtet, ist kein guter Logotherapeut. Frankl sprach daher schon vor vielen Jahrzehnten von der Notwendigkeit der Evolution der eigenen Richtung und der Kooperation mit anderen Richtungen. So leistet die Logotherapie, wie jede andere Psychotherapie, Hilfe im Klären und Erfassen von Zusammenhängen neurotischen Leidens. Sie versucht, Hindernisse, die einer Sinnentdeckung und freien menschlichen Selbstentfaltung im Wege stehen, zu erkennen und zu beseitigen. Sie bemüht sich, den Kranken zu befähigen, an das Gesunde in seinem Leben zu glauben und jene Möglichkeiten frei werden zu lassen, die durch neurotische Schranken blockiert sind. Der Kranke soll entdecken, wo seine gesunden Anteile noch sind. Er soll zur eigenen geistigen Reife, zur Mitbeteiligung und zur Mitverantwortung im Gesundungsprozess und in der Folge zur Unabhängigkeit von der psychotherapeutischen Betreuung geführt werden. Der neurotische Mensch, der aus irgendeinem psychophysischen Grunde unsicher geworden ist und leidet, bedarf in dieser Unsicherheit des Haltes am Geistigen. Der Kranke ist dabei nicht Objekt, an dem ich handle, sondern Subjekt, mit dem ich verhandle. Geleitet wird der Logotherapeut dabei in seiner Arbeit von den beiden von Frankl formulierten Credos: vom psychiatrischen und psychotherapeutischen Credo. Das erstere ist die Überzeugung, dass hinter der vordergründigen Krankheit die hintergründige, unzerstörbare Würde der Person, die respektiert werden muss, weiter besteht. Das zweite Credo ist der Glaube an die menschliche Trotzmacht des Geistes, die eventuell nur blockiert, aber niemals nicht existent sein kann. Die therapeutische Arbeit besteht darin, diese Macht mit ihren Möglichkeiten zu befreien und wirksam werden zu lassen. Nach Frankl hat die Logotherapie das große geschichtliche Modell einer geistigen Auseinandersetzung, das klassische Gespräch von Mensch zu Mensch, den sokratischen Dialog zum Vorbild.

5 Zur Nähe und Distanz zwischen Psychotherapie und Seelsorge

Linke Box:
- Selbstverantwortlichkeit
- Selbstdistanzierung, "innerer Dialog", Selbstvertrauen
- Ego-Überschreitung zum objektiven Sinn, Selbsttranszendenz
- Umerziehung in der Ausrichtung auf Sinn und Werte
- Heilkraft des Rituals
- Realitäten des Lebens gestalten
- Bewältigung von Schuld, Umgang mit Schuldgefühlen
- Trauerbewältigung
- PTBS

Rechte Box:
- rationabile obsequium, "Glaubensbekenntnis"
- Dialog mit Gott/Gebet/Gottesdienst/Rituale, "Urvertrauen"
- Anruf des Transzendenten Gottes Anruf – Menschen antworten
- Willen Gottes erkennen
- Erlangen der Gotteskindschaft
- Unio mystica/still werden, um Gottes Nähe zu erfahren und seine Heilstaten zu erkennen – neue Hoffnungen
- Gestaltung des Lebens, Ehe-, Erziehungs- und Familienberatung

seelische Heilung — Seelenheil

per intentionem — per intentionem

per effectum

Psychotherapie — Religion

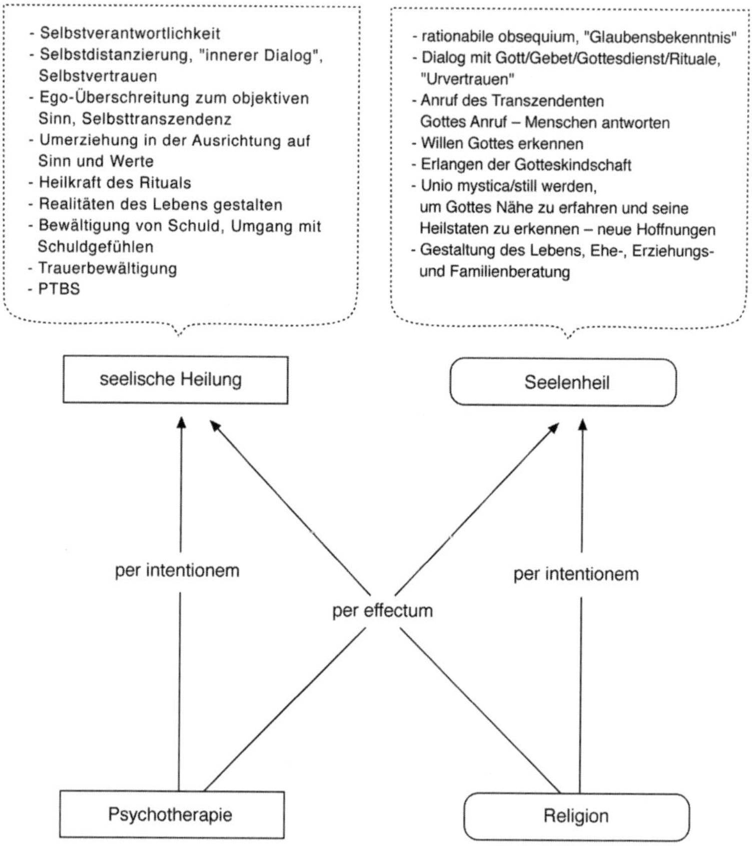

Abb. 5: Psychotherapie und Seelsorge.

Psychotherapie kann nach Frankl kein Ersatz für die priesterliche Seelsorge sein, und umgekehrt kann die priesterliche Seelsorge kein Ersatz für die Psychotherapie sein. Die Psychotherapie ist «per intentionem» ausgerichtet auf «seelische Heilung». Die Seelsorge hat «per intentionem» das «Seelenheil» im Auge. Sie hat kein psychotherapeutisches Motiv, aber einen psychohygienischen Effekt. «Ist es doch so», schreibt Frankl, «dass sie dem Menschen eine unvergleichliche Geborgenheit und geistige Verankerung ermöglicht und solcherart ungemein zur Erhaltung seines seelischen Gleichgewichts beiträgt. Auf der anderen Seite sehen wir, wie die Psychotherapie – ohne zu wollen, ja, ohne es auch nur wollen zu dürfen – in vereinzelten Fällen den Patienten zurückfinden lässt zur verschütteten Quelle ursprünglicher Gläubigkeit: nicht per intentionem, sondern per effectum».[11]

So ist auch Jungs Einladung an Psychotherapeuten und Seelsorger zu verstehen: «Es wäre höchste Zeit, dass der Seelsorger und der Seelenarzt sich die Hand reichen zur Bewältigung dieser geistigen Riesenaufgabe».[12]

Literatur

Einstein, Albert: Mein Weltbild. Hrsg. von Carl Seelig, Zürich 2005.

Frankl, Viktor E.: Ärztliche Seelsorge. Grundlagen der Logotherapie und Existenzanalyse, Frankfurt a. M. [4]1994.

Ders.: Logotherapie und Existenzanalyse. Texte aus 5 Jahrzehnten, München/Zürich 1987.

Ders.: Der Wille zum Sinn, ausgewählte Vorträge über Logotherapie, Bern/Stuttgart/Wien [3]1982.

Ders.: Der unbewusste Gott. Psychotherapie und Religion, München [5]1979.

Freud, Sigmund: Briefe 1873–1939, Frankfurt a. M. 1960.

Jung, C. G.: Psychologie und Religion, Olten/Freiburg i. Br. 1972.

Maslow, Abraham: Comments on Dr. Frankl's Paper. In: Journal of Humanistic Psychology 4 (1966) 107–112, und in: *Sutich, A. J./Vich, M. A.* (Hrsg.): Readings in Humanistic Psychology, New York 1969.

---

11 *Frankl,* Logotherapie 127.
12 *Jung,* Psychologie und Religion 138.

Der tiefenpsychologische Ansatz in der Krisenintervention

Hans Ziegler

Gespräche mit Menschen in Lebenskrisen können ganz unterschiedlich verlaufen. Die einen Hilfesuchenden können Beratung, Begleitung oder Trost dankbar annehmen, andere tun sich eher schwer damit. So weitet sich gelegentlich, was als Beratung behutsam begonnen hat, zu einer akuten Krise aus, in der nicht mehr ganz klar ist, ob der Hilfesuchende oder der Helfer mehr Krise spürt. Die Gesprächsführung und das Wissen um die angemessenen Reaktionsmöglichkeiten in schwierigen Gesprächen sind eine eigene Kunst.

Tiefenpsychologie ist ein Sammelbegriff für alle auf Sigmund Freud und seine Nachfolger zurückgehenden Lehren, die sich mit der Erforschung des Unbewussten befassen. Sigmund Freud hat das Unbewusste nicht entdeckt, aber die Macht des Unbewussten erkannt und erforscht und eine Methode entwickelt, wie Unbewusstes dem Bewusstsein erschlossen werden kann.

1   Die Rolle des Unbewussten

Was ist dieses Unbewusste, welche Rolle spielt es im menschlichen Leben? Wer aufmerksam das eigene Erleben und Verhalten beobachtet, der stößt auf Eigentümlichkeiten, die innerpsychische Prozesse nahe legen oder gar unausweichlich erscheinen lassen: Denken Sie an das peinliche Vergessen von Namen oder Begebenheiten, an falsches Erinnern, Verlegen von Gegenständen und anderes mehr.

Sigmund Freud, dessen 150. Geburtstag sich 2006 jährte, hat 1901 ein kleines Büchlein mit dem Namen «Psychopathologie des Alltagslebens»[1] veröffentlicht, worin er für viele Episoden akribisch die psychische oder eben unbewusste Motivation aufdeckte. Denken Sie an die nächtlichen Träume, die uns oft befremden, hie und da erfreuen, aber auch erschrecken können

---

1   Vgl. *Freud*, Psychopathologie.

und die mitunter eine beträchtliche Wirkung entfalten. Hier geht es um innere Vorgänge in der Nacht, die im Bewusstsein oft nur flüchtig, oft aber wie eingraviert haften bleiben. Ihr Sinn, ihre Veranlassung oder Motivation kann durch Analyse erschlossen werden.

2 Ein kleines Erinnerungsexperiment

Versuchen Sie, sich an Ihre Erstklasslehrerin oder ihren Erstklasslehrer zu erinnern. Nehmen Sie sich ruhig etwas Zeit, um sich diese Person vorzustellen, wie sie ausgesehen hat, und vielleicht erinnern Sie sich auch an ihren Namen? Im Allgemeinen gelingt dieses kleine Erinnerungsexperiment, denn bis etwa zur Kindergartenzeit zurück ist vieles erinnerbar. Vor dieser bewussten Aufforderung an Sie, sich zu erinnern, haben Sie kaum an diesen Menschen gedacht. Er war Ihnen nicht bewusst, oder genauer gesagt, nicht im Bewusstsein, aber bewusstseinsfähig. In der Terminologie der Psychoanalyse wird alles, was erinnerbar ist, als «vorbewusst» bezeichnet.

Es gibt Personen, bei denen eine solche Erinnerung äußerst unangenehm wäre, weil damals z. B. heftigste Peinlichkeiten, Demütigungen und Konflikte stattgefunden hatten. In solchen Fällen ist die Psyche in einem gewissen Sinne gnädig, sie behält das Ereignis und die Erinnerung daran unter Verschluss. Das Ereignete, der Konflikt ist dann eben unbewusst. In einem solchen Fall müsste man erst den Widerstand gegen das Bewusstwerden bearbeiten. Dies genau ist Thema der Tiefenpsychologie, die eben weiß, dass das Erleben und Verhalten des Menschen von unbewussten und unbewältigten Erlebnissen und Konflikten beeinflusst, mitbestimmt und oft determiniert ist. Anders ausgedrückt: Unbewältigte Konflikte und Erinnerungen können den Menschen in seinem Wohlbefinden und Verhalten erheblich, mitunter massiv stören. Ausgehend von der Psychoanalyse Sigmund Freuds wurden in den tiefenpsychologischen Schulen Methoden entwickelt, mit denen solche Störungen erkannt, bearbeitet, vermindert und oft ganz beseitigt werden können.

Hier drängt sich der Blick auf ein Stück Entwicklungspsychologie auf. Deshalb kehren wir zu unserem Erinnerungsversuch zurück. Normalerweise reicht das Erinnerungsvermögen bis zur Kindergartenzeit zurück, wobei Menschen immer wieder auch Erinnerungsinseln haben, die viel weiter zurückreichen. Das sind bruchstückhafte Teilerinnerungen oder Fragmente einer Erinnerung. Was aber geschieht mit all den Erlebnissen und Erinnerungen, zu denen kleine Kinder fähig sind? Wir alle haben damals gebrüllt, gestritten, uns versöhnt, rivalisiert, Versprechungen eingefordert – und auch leidenschaftlich geliebt. Was geschieht mit all diesen intensiven Erlebnissen, von denen schon den Schulkindern nichts mehr bewusst ist und uns Erwachsenen erst recht nicht?

Roland Kotulak schreibt in seinem Buch «Die Reise ins Innere des Gehirns», dass von der Geburt bis zum 12. Lebensjahr sich Entwicklungsfenster in Phasen öffnen, bei denen Informationen mit spielerischer Leichtigkeit ins Innere gelangen. «In diesem Zeitraum, insbesondere während den ersten drei Lebensjahren, werden die Grundlagen für Denken, Sprache, Gesichtssinn, Verhaltensmuster, Begabung und andere Charakteristika gelegt. Danach schließen sich die Fenster wieder und ein wesentlicher Teil des Gehirnaufbaus ist zur Vollendung gelangt.»[2] In diesem Zusammenhang wird von Professor Earls Folgendes zitiert: «In den frühen Phasen haben wir diesen Formungsprozess, und dann, am Ende dieses Prozesses – sagen wir, im Alter von zwei, drei oder auch vier Jahren – steht da der fertige Prototyp eines Gehirns, das sich in den wesentlichen Bereichen wahrscheinlich nicht mehr allzu sehr verändern wird.»[3] Das bedeutet, all diese frühen Erfahrungen hinterlassen Spuren, sind aber normalerweise nicht bewusstseinsfähig.

Etwas anders ausgedrückt: Das Kind zieht über die Erfahrungen der ersten Lebensjahre unbewusst so etwas wie eine gefühlsmäßige Bilanz, die beim einen Kind, könnte es sie in Worte fassen, etwa lauten würde: «Ich bin geliebt, man zählt auf mich, ich bin geschickt, mir gelingt sehr viel, man vertraut mir», usw.: Dies ist die Bilanz eines kleinen Menschen, der zuversichtlich allem weiteren im Leben begegnet, ausgerüstet mit einem unverwüstlichen Optimismus, offen für Gottes schöne Welt.

Anders die Bilanz eines Kindes, das fühlen muss: «Niemand mag mich, ich bin schuldig, es wäre besser, es gäbe mich nicht, mir gelingt ohnehin nichts Rechtes, alle ziehen sich vor mir zurück.» Ein solches Kind ist seelisch belastet und damit prädestiniert für Konflikte und Probleme. Es ist also ganz entscheidend, was in den ersten Lebensjahren vor sich geht.

Nebenbei gesagt: Nur Mütter, die voll verfügbar sind, schaffen beste Entwicklungsvoraussetzungen. Christa Meves schreibt im Faltblatt ihres Vereins «Verantwortung für die Familie e. V.»:

«Geben Sie Ihr Kind während der ersten drei Lebensjahre nicht ohne Not in fremde Hände. Die so wichtige Fähigkeit, später Bindungen einzugehen und

---

2   *Kotulak,* Reise 23.
3   Ebd.

sich sozial zu verhalten, bedarf der Vorbereitung durch die ungestörte Bindung zunächst vornehmlich an eine Person. Von der Natur ist dazu die Mutter vorgesehen. Ihre dreijährige Freistellung von der außerhäuslichen Berufstätigkeit ist deshalb ein wichtiger Schritt für mehr seelische Gesundheit. Jede verlässliche persönliche Betreuung des Säuglings ist besser als Kollektivversorgung in Kinderkrippen mit wechselnden Bezugspersonen. Allerdings können sich Väter, Großeltern, ältere Geschwister oder andere ständig in der Familiengemeinschaft lebende Personen an der Betreuung des Kleinkindes beteiligen.»[4]

Aus meiner langjährigen Erfahrung als Psychoanalytiker und Psychotherapeut kann ich das nur unterstreichen. Die eben beschriebenen unterschiedlichen Bilanzen aus der Kindheit sind weitgehend das Ergebnis der frühkindlichen Bemutterung und Einbettung in eine tragfähige Familienatmosphäre. Im günstigen Fall erwächst daraus ein starkes Selbstbewusstsein und Vertrauen in andere Menschen. Fällt die Bilanz ungünstig aus, so ist die Entwicklung oft beeinträchtigt, und nicht selten führt das eben zu dem, womit wir uns heute beschäftigen, zu Lebenskrisen.

3   Die Bedeutung von Krisen

Es gibt sehr wohl positive Krisen. So schrieb Eric Erikson 1950 für das U. S. Children's Bureau einen bedeutungsvollen Aufsatz mit dem Titel: «Wachstum und Krisen der gesunden Persönlichkeit».[5] Er zeigt darin auf, dass Krisen in der Entwicklung unvermeidlich sind, ihre Bewältigung zum Gewinn wird, man an ihnen aber auch scheitern kann. Krisen kommen nicht immer lärmend daher, oft werden sie im Stillen durchlitten und bewältigt. Andere Krisen werden sichtbar, etwa Todesfälle in der Familie, Krankheiten oder ein Unfall, Arbeitslosigkeit, usw.

Die gesunde Persönlichkeit wird Lebenskrisen aktiv angehen, wird sich, soweit nötig, Hilfe organisieren und sich dankbar helfen lassen. Lassen Sie mich dazu ein Beispiel berichten:

Eine 30jährige Krankenschwester sprach mich mit Tränen in den Augen an und bat um Hilfe, weil sie untröstlich unter dem Verlust ihres Pferdes litt, dass eingeschläfert werden musste. Wir vereinbarten einen Termin, und da berichtet sie, wie sie so im Leben stehe und wie der Verlust nicht aus ihren Gedanken gehe. Die Frau wirkte recht selbstsicher, intelligent und leistungs-

---

4   *Meves*, Familie.
5   Vgl. *Erikson*, Identität.

fähig. Sie hatte Kontakte und befand sich in einer Weiterbildung, kurz, eine gesunde Frau. Auffällig war aber, dass sie sich mit dem Tod des Pferdes so schwer tat. Ich fragte sie nach ihren Angehörigen, und sie berichtete, dass der Vater erkrankt und leidend sei. Als ich vorsichtig zu bedenken gab, ob denn da ein Zusammenhang mit ihrer Trauer sein könnte, wurde ihr mit einem Mal bewusst, dass sie Angst vor dem Tod des geliebten Vaters habe. Noch lebte er, und sie nahm sich vor, den Abschied jetzt anzugehen. Sichtlich erleichtert verließ sie mich. Fünf oder sechs Jahre später begegneten wir uns zufällig. Sie dankte mir nochmals für die damalige Hilfe. Sie habe sich intensiv mit dem Vater beschäftigt, sein Tod habe sie zwar berührt, und sie habe angemessen trauern können, nicht so wie bei ihrem Pferd. Dabei lachte sie ganz offen. Eine gesunde Persönlichkeit, die in der Lage war, Hilfe anzunehmen und sich weiter zu entwickeln. Ihr eigentliches Problem: Sie hatte unbewusst Gefühle für den Vater auf das Pferd übertragen.

4   Die Bedeutung von Übertragungen

Übertragungen ereignen sich im Alltag sehr häufig. Die meisten von ihnen sind harmlos und werden bei Gelegenheit durch die Realität korrigiert. Ausgeprägt sind sie in der Verliebtheit, wo man anfänglich mit rosaroter Brille glaubt, den Idealpartner gefunden zu haben. Schrittweise wird die unbewusste Projektion oder Übertragung aufgelöst, und es muss sich zeigen, ob der nun real gesehene Partner immer noch geliebt werden kann. Problematisch können Übertragungen auf dem Hintergrund einer ungünstigen psychischen Entwicklung werden, wenn unbewusste Konflikte in Beziehungen und Kontakten reaktiviert werden. Hier können Begegnungen zu Krisen werden und den Hilfesuchenden an die Grenzen führen, aber auch den Helfer, sei er Seelsorger, Berater oder auch Psychotherapeut.

5   Die Möglichkeiten der Krisenintervention

Wie geht nun der oder die psychoanalytisch oder tiefenpsychologisch geschulte Psychotherapeut/in in einer Krisensituation vor? Zunächst gilt es, sich erst einmal der Situation möglichst offen, vorurteilslos und hellwach auszusetzen. Das heißt, darauf zu verzichten, sofort eine Lösung vorzuschlagen, einen Rat zu geben oder eine Abwehr aufzubauen, sondern aufmerksam zuzuhören, zu beobachten und sich betreffen zu lassen – sei es am Telefon, wenn sich jemand anmeldet, sei es an der Türe, wenn jemand spontan vor einem steht, erst recht als innere Haltung während den Therapiesitzungen.

Natürlich gibt es auch Notfallsituationen, in denen sehr schnell gehandelt werden muss: Wenn jemand verletzt ist, wenn jemand extrem verwirrt ist, wenn jemand infarktähnliche Symptome zeigt. Das sind zwar auch Krisensituationen, hier fallen aber beim Hilfesuchenden wichtige Ich-Funktionen aus, die der Helfer bzw. die Helferin stellvertretend übernehmen muss, indem er bzw. sie die oben beschriebene Haltung verlässt und aktiv wird, z. B. bei der Notfallzentrale anruft usw. – Solche extremen Notfallsituationen seien hier außer Acht gelassen. In den Blick genommen werden soll jetzt vor allem das Geschehen in der durchschnittlichen Krisenintervention.

Mit der vorhin beschriebenen Haltung der hohen inneren Präsenz, der Aufmerksamkeit, Wachheit und Zugewandtheit gilt es, sich der «Szene» zu stellen, die sich unweigerlich eröffnet. Argelander hat diese Haltung angeregt.[6] Mein Gesprächspartner kann nicht anders, als sich in Szene zu setzen. Die Art und Weise, wie er sich gemeldet hat, wie er den Raum betritt, sich orientiert, mich begrüßt, seine Gesten, seine Stimme, alles gehört zu dieser Szene. Ich selber gehöre ebenso dazu, bin ein konstituierendes Element, aber auch betroffen. Denn was ich sehe und was mir berichtet wird, löst in mir Gedanken und Gefühle aus, animiert mich zu handeln, eventuell zu trösten oder zu raten. Vorerst werde ich diese Impulse aber nur wahrnehmen und weiter beobachten.

In diesem szenischen Geschehen lassen sich zwei wesentliche Ebenen erkennen. Das ist zum einen die bewusste Ebene. Zu ihr gehören die objektivierbaren Elemente, Fakten, Daten, usw. Eine andere Ebene bilden die unbewussten oder subjektiven Elemente. Es ist das, was durch die Szene auch noch mitgeteilt wird, Informationen, die der Hilfesuchende gibt, ohne dass er das selber merkt. Hier sei an das Stichwort der «Übertragung» erinnert. Unbewusste und unerledigte Konflikte werden in Begegnungen sehr leicht aktiviert. Ein seelsorgerliches Gespräch kann dazu eine wunderbare Bühne sein, wie auch das Gespräch mit einem Psychotherapeuten bzw. einer Psychotherapeutin.

Ein Beispiel: Ich erhalte einen Anruf einer Frau, die um einen Gesprächstermin bittet. Zur vereinbarten Zeit läutet es, eine Frau mittleren Alters, sehr gepflegt gekleidet, tritt ein. Sie hat einen etwas unruhigen Blick, das Gesicht gespannt. Ich heiße sie in das Behandlungszimmer treten. Bevor sie sich setzt,

---

6 Vgl. *Argelander,* Erstinterview 14.

schaut sie unter das niedere Tischchen, schaut auf mein Pult, sieht den Telefonbeantworter und fragt, ob das Gespräch aufgenommen werde und ob Abhörmikrofone installiert seien. Ich verneine und erkläre, dass ich während des Gesprächs keine Anrufe entgegennähme, darum sei ein Anrufbeantworter installiert. Ich erfahre im weiteren Verlauf, dass sie verheiratet ist, zwei erwachsene Kinder hat und mit dem Mann in einem Einfamilienhaus lebt. Ihr Mann ist Geschäftsleiter, seine Stellung zurzeit gefährdet. Sie fühlt sich von ihm überwacht. Soweit die Fallvignette.

Einen Teil dieser Information erhielt ich durch Beobachten, das Weitere durch Mitteilung der Patientin. Die bewussten, objektiven Informationen sind leicht zu erkennen: Eine Frau mittleren Alters, gepflegte Erscheinung, mit unruhigem Blick und gespanntem Gesicht, schaut unter den Tisch, bevor sie sich setzt. Sie fragt, ob das Gespräch aufgenommen werde und ob Abhörmikrofone installiert seien. Sie berichtet, dass sie verheiratet sei, zwei erwachsene Kinder habe, in einem Einfamilienhaus wohne, usw. Jeder Beobachter würde das ebenfalls ungefähr so sehen. Welches sind nun die subjektiven oder unbewussten Elemente?

Auffällig ist, dass diese vornehm wirkende Frau sich völlig unpassend benimmt, indem sie sich kontrollierend bückt und unter das Tischchen schaut. So wie sie sich in Szene setzt, sagt das aber etwas aus. Das lässt im Gegenüber Gefühle und Gedanken entstehen. Diese Gefühle und Gedanken sind induziert, ausgelöst durch das beobachtete Verhalten dieser Frau, aber auch durch unbewusst ablaufende Prozesse, wie sie sich in jeder Begegnung ereignen. Im vorliegenden Fall waren es Fragen zur psychischen Verfassung der Frau, ob paranoide Probleme sie belasten. Anderseits fühlte ich mich nicht sehr unbehaglich oder irritiert, wie das bei einer Person mit paranoider Erkrankung der Fall gewesen wäre. Eine weitere subjektive Information ist die Mitteilung, dass sie sich vom Mann überwacht fühle. Ich kann nicht wissen, ob das objektiv so ist oder ob das Gefühl der Frau sich als sachlich unbegründet erweist. Kann ich damit etwas anfangen, was soll ich dazu denken? Sie selber war es, die bei mir kontrollierend auftrat. Will sie mir zeigen, wie unangenehm es ist, wenn man überwacht wird? Vielleicht auch überträgt sie das unangenehme Gefühl gegenüber ihrem Mann auf mich: «Achtung, Männer überwachen einen, da muss man vorsichtig sein.» Wenn ich bereit bin, das zu verstehen, so übermittelt sie mir, dass sie nicht überwacht werden möchte, dass sie das Geschehen kontrollieren möchte. Soweit dieser Fall.

Mit meiner analytischen Haltung möchte ich einerseits möglichst umfassende Informationen vom Hilfesuchenden erhalten, um ihm kompetent helfen zu können. Anderseits möchte ich ihm Folgendes vermitteln: «... die Erfahrung, in seiner Eigenart gesehen, verstanden und angenommen zu werden».[7] Eine solche Erfahrung des Angenommen-Seins mildert Angst und die innere Abwehr, das Gespräch wird offener. Alle Informationen, die mitgeteilten und die von mir wahrgenommenen, ermöglichen, die Situation des Hilfesuchenden in seinen objektiven und subjektiven Dimensionen zu erkennen, wobei sich meine Einschätzung mit neuen Informationselementen laufend ändert. Man könnte das als Verlauf der diagnostischen Einschätzung bezeichnen.

6 Die Motivationen in der Krisenintervention

Allgemein gesprochen möchten wir dem Hilfesuchenden helfen, seine Krise zu überwinden. Man kann das unter ganz verschiedenen Gesichtspunkten tun, im Spektrum von: Der Mensch soll wieder fähig werden sich anzupassen, bis hin zu: Die Krise ist Auslöser einer Veränderung, in der ganz neue Wege begangen werden können, einschließlich des Weges zum Glauben. Dabei ist nicht die persönliche Überzeugung des Therapeuten bzw. der Therapeutin entscheidend, sondern die Einschätzung der Gesamtsituation mit den vorhandenen Ressourcen. Einer ich-starken Persönlichkeit kann eine Ermutigung helfen, einen neuen ungewohnten Weg zu betreten, eine andere Persönlichkeit würde von einer ihr vermittelten Therapie profitieren können, während bei einer dritten eine stützende Begleitung über längere Zeit helfen kann, nicht gänzlich den Bezug zu Leben und Gesellschaft zu verlieren.

Nicht nur Helfer und Helferinnen haben Motivationen, auch die Hilfesuchenden verfolgen Ziele, teils bewusst, teils unbewusst. Es ist nötig, die Motivation der Hilfesuchenden möglichst intensiv zu erfassen. Der Umgang mit gut motivierten Menschen, die realistische Ziele haben, ist eher unproblematisch. Schwieriger kann es mit unentschlossenen Menschen werden, die sich selber nicht so im Klaren sind, was sie wollen. Argelander schrieb 1970 in seinem heute noch lesenswerten Buch: «Krankheit stellt oft in mancher Hinsicht das kleinere Übel dar gegenüber der Gefahr, sich in Frage zu stellen entgegen den Vorstellungen und Idealbildungen, die man von sich selbst erworben hat.»[8]

---

7 *Ermann,* Ressourcen 264.
8 *Argelander,* Erstinterview 79.

Manche Menschen möchten gar nichts in ihrem Leben verändern, sie möchten einfach Trost bekommen, bemitleidet werden, wie sie sich selber bemitleiden. Einfühlsame Konfrontation kann auch hier einen Prozess einleiten, der die Motivation verändert und entwickelt, der Grundlage für neue Möglichkeiten werden kann.

7   Zum Umgang mit Suizidalität

Ein kurzes Wort noch zur Frage der Suizidgefährdung. Menschen in Lebenskrisen konfrontieren sich sehr oft mit der Möglichkeit, das Leben zu beenden. Helfende sind hier häufig mit schwierigen Fragen, ja selbst Drohungen konfrontiert. Es bewährt sich, direkt nach Selbstmord-Gedanken zu fragen, das kann sehr entlastend wirken. Gefährdet sind verunsicherte Menschen mit schwachem Selbstgefühl. Kränkungen und Konflikte sind oft Auslöser. Wichtig ist, sich selbst als stabile Kontaktperson anzubieten und immer wieder neu einen Termin verbindlich festzulegen. Problematisch wird es, wenn ein Mensch keine tragenden Beziehungen mehr hat – oder das zumindest glaubt –, und wenn seine Bündnisfähigkeit ausfällt. Dann besteht eine Notfallsituation, die entsprechende Interventionen erfordert.

8   Zur Frage der Kompetenzen

Wenn man eine therapeutische Haltung und seine eigenen Gefühle und Wahrnehmungen als Instrument im Gespräch einsetzen möchte, so stellt das Anforderungen an die Persönlichkeit, sei man Seelsorger/in, Berater/in oder Therapeut/in. Alle Techniken, seelsorgerlicher und psychotherapeutischer Art, können nur dann echt fruchtbar werden, wenn sie von einem charakterlich gefestigten und psychisch gesunden Menschen eingesetzt werden.

Meister Eckehart sagte: «Die Leute sollen nicht soviel darüber nachdenken, was sie tun sollen; sie sollen darüber nachdenken, was sie sein sollen.»[9] Josef Pieper fordert in seinem Büchlein «Über das christliche Menschenbild»: «Der Mensch soll gläubig, hoffend und liebend sein, klug, gerecht, tapfer und zuchtvoll.»[10] Die tiefenpsychologischen Schulen fordern in der Ausbildung

---

9 Zitiert nach *Pieper,* Menschenbild 8.
10 Ebd. Umschlag.

zur Psychotherapie und Psychoanalyse ein Stück Selbsterfahrung in der zu lernenden Methode. Das soll vermeiden helfen, dass eigene Konflikte oder Probleme in der Behandlung ausagiert werden. Nach dem vorher Gesagten wird nicht unwichtig sein, wer Selbsterfahrung vermittelt, wie dieser Mensch selber im Leben und Glauben verwurzelt ist.

Es gibt drei Möglichkeiten, die eigene Beratungs-Kompetenz methodisch zu ergänzen:

(a) Eine erste, allerdings aufwendige Möglichkeit stellt die *Selbsterfahrung* dar. Sie kann helfen, sich umfassender kennen zu lernen, um sich kompetenter einsetzen zu können.

(b) Als zweite Möglichkeit kann *Supervision* sehr hilfreich sein, sei es als gelegentliche Beratung oder als wiederkehrende Treffen über einen Zeitraum. Die *Balint-Methode* ist eine Form der Gruppensupervision, bei welcher der Blick für das unbewusste Geschehen in der Begegnung mit Menschen geschult wird.

(c) Die dritte Möglichkeit ist eine spezifisch *tiefenpsychologische Weiterbildung*, wie sie z. B. das Szondi-Institut in Zürich anbietet unter dem Titel: «Weiterbildung in angewandter schicksalspsychologischer Beratung».

Ich fasse kurz zusammen: In der Krisenintervention bin ich als Helfer/in und Mensch mit all meinen Tugenden gefordert, den Menschen in seiner Situation umfassend wahrzunehmen, so dass er/sie sich verstanden weiß, so wie er/sie ist und wie er/sie noch werden kann (nach Martin Buber).

Literatur

Argelander, Hermann: Das Erstinterview in der Psychotherapie, Darmstadt 1970.

Daser, Eckard: Deuten als Form hilfreicher Beziehung, Psyche 55 (2001) 504–533.

Ermann, Michael: Ressourcen in der psychoanalytischen Beziehung. In: Forum Psychoanalyse 15 (1999) 253–266.

Erikson, Eric H.: Wachstum und Krisen der gesunden Persönlichkeit. In: *Ders.:* Identität und Lebenszyklus. Drei Aufsätze, Frankfurt a.M. [22]2007.

Freud, Sigmund: Psychopathologie des Alltagslebens, London 1904.

Kotulak, Ronald: Die Reise ins Innere des Gehirns, Paderborn 1998.

Meves, Christa: Die Familie ist unaufgebbar, Faltblatt VFA. e. V., Uelzen 2001.

Pieper, Josef: Über das christliche Menschenbild, München 1955.

Einführungen

Luborski, Lester: Einführung in die analytische Psychotherapie, Göttingen 1995.

Müller-Pozzi, Heinz: Psychoanalytisches Denken, Bern 1995.

Seidel, Philip/Jüttner, Friedjung/Borner, Martin: Manual der schicksalsanalytischen Therapie, Zürich 2000.

«Ich gehe mit dir in deiner Not»

Seelsorge mit Menschen in Krisen und Bedrängnis

Urs Christian Winter

«Am gleichen Tag waren zwei von den Jüngern auf dem Weg in ein Dorf namens Emmaus, das sechzig Stadien von Jerusalem entfernt ist. Sie sprachen miteinander über all das, was sich ereignet hatte. Während sie redeten und ihre Gedanken austauschten, kam Jesus hinzu und ging mit ihnen.» (Lk 24,13–15).

Der Lukastext erzählt von zwei Menschen inmitten einer schwierigen Zeit. Und wie den beiden vieles, auf das sie vertrauten und an das sie glaubten, zusammenbricht, so ergeht es auch vielen Menschen in der heutigen Zeit: Die Nachricht der Diagnose einer lebensbedrohlichen Krankheit oder – wie im Falle der Jünger – der Tod eines nahe stehenden Menschen; der Partner oder die Partnerin, welche eine Fremdbeziehung eingegangen ist – alles Situationen, in denen Hoffnungen und Visionen in die Brüche gehen oder als wertvoll Erachtetes verloren geht oder bedroht wird.

Das Lukasevangelium erzählt weiter, dass Jesus zu den beiden Jüngern stößt und sie auf ihrem Weg ein Stück weit begleitet. Dieses Bild des Mit-Gehens verweist auf den Kern jeglicher Seelsorge. Es drückt meiner Meinung nach treffend aus, dass der Ort der Kirche in besonderer Weise dort ist, wo Menschen Leid, Tod und Verzweiflung erfahren. Dieses Mitgehen mit Menschen in Krisen und die Gestaltung einer pastoralen Krisenseelsorge soll daher im folgenden Artikel erörtert werden. Dabei wird in einem ersten Teil eine pastorale Krisenintervention theologisch grundgelegt. Denn will sich eine pastorale Krisenintervention im Dschungel von Heilsversprechungen und -methoden positionieren und gleichzeitig abgrenzen, muss sie die Quellen, aus welchen sie schöpft, deutlich erkennbar machen.[1] Insbesondere das Leben von Jesus aus Nazareth, sein Reden und Handeln und seine Vision des Gottesreiches stehen dabei im Zentrum der Ausführungen. Im zweiten Teil soll dieses Anliegen konkretisiert und realisiert werden. Im Sinne einer «pastoralpsychologi-

---

1 Vgl. *Lyall*, Pastoral counselling 14 f.

schen Praxeologie»[2] oder einer «handlungsanleitenden Praxistheorie»[3] wird ein Modell einer pastoralen Krisenintervention dargestellt und erörtert.

1 Theologische Grundlegung für eine pastorale Krisenintervention

Das Mitgehen mit Menschen in Zeiten der Krise wurde von Jesus aus Nazareth in besonderer Weise verwirklicht. In Jesus Christus offenbarte sich Gott endgültig «als ein seelsorglicher Gott, der Leben und Versöhnung schafft»,[4] und Gott wurde endgültig für alle Menschen ansprechbar (Röm 8,15).[5]

1.1 Gottes Menschwerdung in Jesus Christus

«Als sie dort waren, kam für Maria die Zeit ihrer Niederkunft, und sie gebar ihren Sohn, den Erstgeborenen» (Lk 2,6–7). Mit diesen Worten beschreibt der Evangelist Lukas die Menschwerdung Gottes. Die Inkarnation Gottes in einem unvollkommenen, unfertigen und hilfsbedürftigen Wesen[6] ist für die theologische Grundlegung einer pastoralen Krisenintervention entscheidend. Denn indem Gott in Jesus Christus selbst Mensch geworden ist, hat er die krisenanfällige und brüchige Natur des Menschen radikal bejaht.[7] Diese Menschwerdung Gottes trägt in sich bereits einen zutiefst diakonischen Charakter, denn deutlicher lässt sich die Sympathie Gottes für den Menschen nicht ausdrücken: Gott stellt sich mit den Menschen auf dieselbe Stufe[8] und zeigt ihnen in aller Deutlichkeit, dass er ihnen als «Liebhaber des Lebens» (Weis 11,26) zugetan ist. Diese Menschwerdung Gottes in Jesus Christus radikalisiert die bereits in den alttestamentlichen Texten vorfindliche Zusage Gottes: «denn ich bin mit dir» (Jes 41,10). Und wie sich einst Gott mit der menschlichen krisenanfälligen Natur solidarisierte, gehört Seelsorge mit krisengeschüttelten Menschen zum Grundauftrag der Kirche. Sie ist aufgerufen,

---

2 *Schmid,* Förderung 7.
3 *Haslinger/Bundschuh-Schramm/Fuchs* u. a., Praktische Theologie 396.
4 *Ziemer,* Seelsorgelehre 110.
5 Vgl. ebd. 110.
6 Vgl. *Luther,* Religion 176.
7 Vgl. *Baumgartner,* Pastoralpsychologie 237; 334; *Lyall,* Pastoral counselling 15.
8 Vgl. *Baumgartner,* Pastoralpsychologie 333.

sich mit den menschlichen Schwächen, Unzulänglichkeiten, den Erfahrungen der Krise und des Scheiterns der Menschen auseinander zu setzen und sich ihnen zuzuwenden.[9]

1.2 Jesu Mitgehen mit Menschen in der Krise

Im Sprechen und Handeln Jesu Christi hat Gott diese diakonische oder seelsorgliche Gesinnung unverwechselbar zum Ausdruck gebracht.[10] So wendet sich Jesus immer wieder den Leiden, Nöten, Ängsten und Gebrechen seiner Mitmenschen zu, unabhängig von der sozialen Stellung seines Gegenübers.[11] Nicht die Erfüllung eines Gesetzes oder die Sabbatordnung stehen dabei im Mittelpunkt, sondern die Menschen mit all ihren Nöten und Ängsten, ihren Hoffnungen und ihrem Lebensmut:[12] Jesus treibt Dämonen aus und weckt damit gesundheitsfördernde Kräfte, öffnet Blinden die Augen und schenkt neue Perspektiven und Visionen, bricht eingefahrene Kommunikationsmuster auf und ebnet den Weg zu neuen Begegnungen zwischen Menschen.[13] In teils unerwarteten, teils gesuchten Begegnungen mit Jesus erleben so leidende und entmutigte Menschen Befreiung und Heilung (z. B. Lk 7,13; Mk 6,34; Lk 10,25–37).[14] Er tritt in ein personennahes, heilsames Beziehungsgeschehen ein, indem er den Kontakt zu Menschen sucht, welche man in der damaligen Zeit nicht mit den Fingerspitzen berühren wollte.[15] Entsprechend ist Seelsorge in ihrem Kern ein Beziehungsgeschehen, und der erste Schritt in der Begleitung und Beratung eines Menschen in einer Krise besteht im Aufbau einer tragfähigen Beziehung.

Durch sein Handeln bringt er den Menschen aber auch eine Vision nahe, welche die neutestamentlichen Texte mit dem Begriff «Gottesreich» umschreiben (Mk 1,15; Lk 4,14–30; Lk 21,29–31).[16] Dieses Reich Gottes, welches auf eine barmherzige, gerechte, solidarische und geschwisterliche Welt zielt,[17]

---

9 Vgl. *Stone,* Crisis Counselling 87–91.
10 Vgl. *Baumgartner,* Seelsorge 43–48.
11 Vgl. *Baumgartner,* Pastoralpsychologie 333–336.
12 Vgl. *Karrer,* Jesus 147.
13 Vgl. ebd. 149.
14 Vgl. *Nidetzky,* Ziele 51.
15 Vgl. *Baumgartner,* Pastoralpsychologie 334.
16 Vgl. ebd. 242; *Fuchs,* Empirie 172–177.
17 Vgl. *Scherrer-Rath,* Lebenssackgassen 15; *Fuchs,* Empirie 172–177.

bleibt bei Jesus keine abstrakte Größe. Seine Erzählungen und Gleichnisse des Gottesreiches sind eingebettet in die heilenden und rettenden Begegnungen, so dass mit Baumgartner festgehalten werden kann:[18] «Zudem zeigt er [Jesus], dass Gottes heilendes Wort nicht anders gesprochen werden kann als in der Tat». Auf diese Weise wurde es damaligen wie heutigen Menschen möglich, ihre Lebensgeschichte, ihren Alltag mit dem Reich Gottes in Verbindung zu bringen und sich von dieser Vision berühren zu lassen. Das Handeln und Wirken Jesu erscheint dabei als Verwirklichung des nahe gekommenen Reich Gottes.[19] Folglich stehen seelsorgliches Wirken und das Reich Gottes in einem engen Zusammenhang. Ja, die Basileia scheint sich dort zu realisieren, wo menschliche Not Befreiung erfährt. Dieses Zusammenspiel von Reich Gottes und heilsamer Praxis gilt es auch innerhalb der Krisenseelsorge zu beachten. So zeigt sich Nachfolge Jesu nicht nur, indem man Gott bekennt, sondern indem man ebenso für die Verwirklichung des Gottesreiches eintritt. «Entscheidend bleiben die konkreten, wenn auch oft mühsamen und meist kleinen Schritte der Solidarität, der Liebe, des Verstehen-Wollens».[20] Seelsorge respektive Krisenseelsorge, als Praxis der Nachfolge Jesu oder «Praxis des Evangeliums»[21] verstanden, möchte einen Beitrag zur Realisierung dieses Reiches Gottes leisten.[22]

1.3 Ziel einer pastoralen Krisenseelsorge

Es gehört ohne Zweifel zum christlichen Heilungsverständnis, Krankheiten und Leiden so weit wie irgend möglich zu überwinden oder zu lindern. Dies ist die Realisierung der Absicht Gottes, der ein «Freund des Lebens» (Weish 11,26) ist. Heilung darf jedoch nicht auf eine Wiederherstellung körperlicher oder seelischer Funktionsfähigkeit reduziert werden: Geheilt im christlichen Sinn ist vielmehr und darüber hinaus der, der die «Kraft zum Mensch-sein»[23] aufbringt. Mensch-Sein, mit aller Brüchigkeit und Fragmenthaftigkeit, im Wissen um den Zuspruch Gottes: «Du bist mein geliebter Sohn, an Dir habe ich Gefallen gefunden» (Mk 1,11). Menschsein in der Annahme der eigenen

---

18 *Baumgartner,* Pastoralpsychologie 571.
19 Vgl. *Karrer,* Jesus 150; *Nidetzky,* Ziele 51–54.
20 *Karrer,* Jesus 156.
21 *Ziemer,* Seelsorgelehre 109.
22 Vgl. *Nidetzky,* Ziele 54.
23 *Moltmann,* Gott 275

Verletzlichkeit, mit unüberwindbaren Mängeln und Schattenseiten unter der Gnade Gottes.[24]

Doch wie können Seelsorgende Menschen auf ihrem Weg begleiten? Welches Rüstzeug steht zur Verfügung? Im zweiten Teil des Artikels wird ein «Werkzeugkoffer» – ein Modell eines pastoralen Kriseninterventionskonzeptes – dargestellt.

2 Das Modell einer pastoralen Krisenintervention

Für die seelsorgliche Begleitung von Menschen in Krisen stehen Seelsorgenden in der Regel nur beschränkte zeitliche Ressourcen zur Verfügung. So wird ein Seelsorger oder eine Seelsorgerin nur wenigen bedrängten Menschen mehr als einige Treffen und Sitzungen anbieten können, ja oftmals wird sich der Kontakt auf ein Zusammenkommen beschränken.[25] Diesem Umstand gilt es innerhalb einer pastoralen Krisenintervention Rechnung zu tragen: Verlangt ist ein zielorientiertes, strukturiertes und situationsbezogenes Vorgehen, welches – auch angesichts der meist emotional stark belastenden Situation für den bedrängten Menschen – rasch auf Veränderung abzielt. Das im Folgenden entwickelte Modell stellt ein mögliches Modell einer pastoralen Krisenintervention dar, welches die zeitlich beschränkten Möglichkeiten von Seelsorgenden berücksichtigt.

In Anlehnung an «säkulare» Kriseninterventionskonzepte ist es auf sechs bis zehn Sitzungen angelegt.[26] Dennoch soll das Modell auch für kürzere Begleitungen von Nutzen sein, indem es Seelsorgenden Impulse und Anregungen vermitteln möchte, welche auch bei einmaligen Zusammenkünften zum Tragen kommen.

Das Modell baut auf vier Schritten auf: Aufbau einer tragfähigen Beziehung, Diagnostik und Indikation, Intervention sowie Abschluss der Begleitung. Die einzelnen Schritte:

24 Vgl. *Baumgartner,* Pastoralpsychologie 39 f.
25 Vgl. *Stone,* Changing Times 4f; 17.
26 Vgl. *Sonneck,* Krisenintervention 72; *Simmich/Reimer/Alberti* u. a., Empfehlungen 396; *Dross,* Krisenintervention 41.

2.1 Beziehungsaufbau: Aufbau einer tragfähigen Beziehung mit dem Gegenüber

Die Beziehung zwischen dem Seelsorgenden und dem Menschen in Not steht im Mittelpunkt einer pastoralen Krisenintervention und ist gleichzeitig Dreh- und Angelpunkt für alle weiteren Maßnahmen. Der erste Schritt in der Begleitung und Beratung eines Menschen in einer Krise besteht daher im Aufbau einer tragfähigen Beziehung. Dadurch kann – theologisch gesprochen – die pastorale Krisenintervention zum Ort werden, an dem für Menschen das Reich Gottes symbolisch und real erfahrbar wird.[27]

2.1.1 «Guten Tag, ich bin …»

Von Anfang an sollte versucht werden, einen einladenden Kontakt zu initiieren. Dazu gehört auch, dass sich der Seelsorgende mit seinem Namen und seiner Funktion vorstellt, falls es sich um einen Kontakt auf Initiative des Seelsorgenden handelt (z. B. Krankenbesuch).

Damit eine tragfähige Beziehung aufgebaut werden kann, bedürfen Seelsorgende grundlegender Fähigkeiten in pastoraler Gesprächsführung.[28] Switzer beschreibt entsprechend Haltungen, welche ein Seelsorger oder eine Seelsorgerin für die Etablierung einer guten Beziehung einnehmen kann. Es sind dies u. a. Empathie, Respekt, Konkretheit, Echtheit, Unmittelbarkeit.[29] Diese Eigenschaften erinnern an die Basisvariablen Kongruenz, unbedingte Wertschätzung sowie Empathie, welche von Carl Rogers konzipiert wurden[30] und im Rahmen der Gesprächspsychotherapie zur Anwendung kommen.[31]

2.1.2 «Wollen Sie bitte Platz nehmen»

Der Ort, an welchem ein Krisengespräch stattfindet, ist nicht unerheblich. Falls das Gespräch im Büro oder dem Besprechungszimmer des Seelsorgenden stattfindet, sollten bequeme Sitzmöglichkeiten zur Verfügung stehen. Es ist zudem wichtig, wie der Raum gestaltet ist (z. B. brennende Kerze auf dem Tisch). Menschen in Not sind oft chaotischen Situationen ausgesetzt, fühlen sich zutiefst verunsichert; sie benötigen einen Ort, der ihnen Sicherheit ver-

---

27 Vgl. *Scherrer-Rath*, Lebenssackgassen 15.
28 Vgl. ebd. 232.
29 Vgl. *Switzer*, Pastoral Care 15 f.
30 Vgl. *Rogers*, Therapeut 19–27.
31 Vgl. *Biermann-Ratjen/Eckert/Schwartz*, Gesprächspsychotherapie; *Sachse*, Lehrbuch.

mittel, und sei es auch nur für diese Stunde oder dieses Gespräch.[32] Wie diese Sicherheit für das Gegenüber optimal gestaltet werden kann, muss je nach Situation abgeschätzt werden.

Oft wird sich eine Gesprächssituation auch spontan ergeben, sei dies im Einkaufszentrum, auf der Straße etc. Auch hier kann der Seelsorger oder die Seelsorgerin versuchen, einen «geschützten» Ort zu schaffen, indem er die Person beispielsweise vor möglichen Zuschauern abschirmt[33] oder sie zu einem Kaffee in ein Restaurant einlädt, wo ein sicherer Ort geschaffen werden kann.

2.1.3 «Was kann ich für Sie tun?»

Einfühlendes Verstehen setzt die Fähigkeit des Zuhörens voraus. Diese Fähigkeit wurde in der kirchlichen Tradition nur beschränkt gepflegt, die Verkündigung und das gesprochene Wort standen im Vordergrund.[34] Auch innerhalb der Geschichte der Seelsorge spielte oft das gesprochene Wort oder die Belehrung eine wichtigere Rolle als das einfühlende Verstehen und damit zusammenhängend das Zuhören. Umso wichtiger ist es, die Kunst des Zuhörens in der Krisenseelsorge zu pflegen. Auf diese Weise erhalten Seelsorgende ein möglichst umfassendes Bild der Situation.

2.1.4 «Ich sehe, es fällt Ihnen schwer, darüber zu reden»

Manche Ereignisse und Themen sind mit so großer Furcht und Scham besetzt, dass es dem bedrängten Menschen schwer fällt, darüber zu berichten, so gern er auch möchte. So kann es einem Vater sehr schwer fallen, über das Coming-Out seines homosexuellen Sohnes zu sprechen – insbesondere gegenüber einem Seelsorgenden. Solche Blockaden gilt es ernst zu nehmen. Auf keinen Fall dürfen Seelsorgende «mit der Brechstange» versuchen, der Person etwas zu entlocken, was sie gar nicht erzählen will. Viel eher sollen Möglichkeiten und Wege gesucht werden, wem das Gegenüber das schwer Aussprechliche erzählen kann. Vielleicht ist es beispielsweise möglich, es in Anwesenheit des Seelsorgers oder der Seelsorgerin still Gott (oder einem Heiligen respektive einer Heiligen) anzuvertrauen. Auf diese Weise werden die in Not geratene Person und ihre Situation ernst genommen.

---

32 Vgl. *Bryant/Harvey,* Acute Stress Disorder 58.
33 Vgl. *Hausmann,* Notfallpsychologie 132.
34 Vgl. *Piper,* Einladung 32.

Neben der Kontaktaufnahme kommt der Situationserkundung innerhalb des Erstgesprächs eine zentrale Rolle zu. Diese bildet auch den zweiten Schritt im vorliegenden Modell.

2.2 Diagnostik und Indikation

Krisen finden nicht in einem isolierten Raum statt. Sie sind abhängig von einer Vielzahl von Faktoren, werden von externen Faktoren verstärkt und haben ihrerseits wiederum Einfluss auf Aspekte, die primär mit dem Anlass nichts zu tun haben. So muss sich eine Witwe nach dem Verlust ihres Mannes neben der Auseinandersetzung mit dem persönlichen Verlust oftmals auch mit Fragen der finanziellen Absicherung beschäftigen. Daher muss sich der Seelsorger oder die Seelsorgerin im Verlauf des Gesprächs klar werden: Was ist vorgefallen? Wie präsentiert sich das Gegenüber spontan? Liegen etwaige Selbst- oder Fremdgefährdungen vor? Diese Fragen zu klären, verlangt immer wieder strukturierende und fragende Gesprächsabschnitte.[35] Im Einzelnen soll bei der Situationserkundung ein Augenmerk auf folgende Punkte gelegt werden:

2.2.1 «Screening» der Beschwerden und Probleme

Wie im letzten Kapitel dargestellt, sollte dem Gegenüber zu Beginn des Gesprächs die Möglichkeit geboten werden, über den Grund des Herkommens, seine Probleme und sein Erleben der Krisensituation zu erzählen. Ziel ist es, dass sich der Seelsorgende mit der Situation vertraut macht und sich einen Überblick über die Problemlage und die damit zusammenhängenden Probleme verschaffen kann. Zudem soll der Seelsorger oder die Seelsorgerin abklären, wie sich die Krise auf das psychische und physische Erleben des Gegenübers auswirkt.[36] Leidet der Mensch in Not unter starker Traurigkeit? Ängsten? Ärger? Ist er appetitlos? Ist er müde? Wie schläft er?

---

35 Vgl. *Stone*, Crisis Counselling 38–42; *Simmich/Reimer/Alberti* u. a., Empfehlungen 395; *Dross*, Krisenintervention 20.
36 Vgl. *Dross*, Krisenintervention 20; *James/Gilliland*, Crisis Intervention 22–24.

2.2.2 Klärung des Krisenanlasses

Was hat die Krise ausgelöst? Ein plötzlicher Todesfall? Eine Trennung vom Partner? Während bedrohliche Ereignisse eventuell durch Interventionen abgewendet werden können, ist dies in der Regel bei Verlustereignissen nicht möglich. Ein nahe stehender verstorbener Mensch kann nicht mehr lebendig gemacht oder eine unheilbare Krankheit nicht kuriert werden. «Liegt ein Verlust oder eine schwere erlittene Schädigung vor, so sind bestimmte aktive Bewältigungsstrategien ... von vornherein nicht gegeben oder eingeschränkt».[37] In diesen Situationen werden vorwiegend kognitive als auch emotionale Änderungen der eigenen Person respektive des Orientierungs- und Sinnsystem im Zentrum stehen. Stellt sich die Situation hingegen als Bedrohung oder Überforderung dar, ist es unter Umständen möglich, die Situation aktiv mit Problemlösungsstrategien zu meistern.[38] Bereits bei der Klärung des Krisenanlasses werden somit erste Weichen gestellt, welche Bewältigungsstrategien überhaupt in Betracht kommen können.[39]

2.2.3 Die Bedeutung der Krise für den Menschen in Not

Das «Screening» der Beschwerden und Probleme sowie die Analyse des Krisenanlasses dienen dem Seelsorgenden dazu, die Hauptproblematik zu erkunden und sich ein grobes Bild über das Geschehen zu verschaffen. Im Weiteren gilt es, sich ein differenzierteres Bild über die Problematik zu machen. Dazu gehört auch, nach den durch das Ereignis betroffenen Lebensbereichen sowie deren Bedeutung für das Gegenüber zu fragen.[40] Die Bedeutung und Auswirkungen der Krise für den Menschen in Not lassen sich auf verschiedenen Ebenen thematisieren,[41] auf der physischen (z. B. Beeinträchtigung des körperlichen Wohls), materiellen (z. B. materielle Lebensgrundlage nach Arbeitsplatzverlust), sozialen (z. B. Gefährdung des Bindungsbedürfnisses des in Not geratenen Menschen nach einer Trennung), personalen (z. B. Lebenspläne, die

---

37 *Dross,* Krisenintervention 23.
38 Vgl. ebd. 23.
39 So rät Switzer (vgl. Pastoral Care 50) dem Seelsorgenden, explizit nach dem Krisenanlass zu fragen, falls er nach 15–20 Minuten des Erstgesprächs noch keinen Anlass identifizieren konnte. Beispiel einer möglichen Frage könnte sein: «Wann haben Sie zum ersten Mal bemerkt, dass Sie sich auf diese Art und Weise fühlen (oder spürten, dass irgend etwas nicht stimmt)?».
40 Vgl. *Sonneck/Etzersdorfer,* Krisenintervention 17–18; *Aguilera,* Krisenintervention 66–68; *Dross,* Krisenintervention 23 f.
41 Vgl. *Dross,* Krisenintervention 23 f.

in die Brüche gehen) und existentiellen Ebene (z. B. Ereignis bedroht Sinn-
gebungsstrukturen oder Werte). Es versteht sich von allein, dass bei vielen
Situationen mehrere Ebenen durch das Ereignis in Mitleidenschaft gezogen
sind. So werden mit großer Wahrscheinlichkeit bei der Diagnose einer Krankheit nebst der physischen Ebene oftmals auch die personale Ebene sowie bei
einer Chronifizierung auch die materielle Ebene betroffen sein.

2.2.4 Subjektive Erklärungen des bedrängten Menschen für die Entstehung der Krise

Bedrängte Menschen haben oftmals eine persönliche Theorie, mit Hilfe derer
sie sich erklären, wie ihre Schwierigkeiten entstanden sind.[42] So sollte geklärt
werden, ob die Kausalattributionen, welche das Gegenüber vornimmt, angemessen sind oder nur einzelne Aspekte fokussieren. Solche einseitigen persönlichen Theorien – insbesondere wenn die Person die Verantwortung für das
Ereignis nur bei sich selbst ortet – können zu einer depressiven Stimmung beitragen. Umgekehrt können Bewältigungsanstrengungen jedoch ebenfalls blockiert werden, wenn der eigene Beitrag zum Geschehen ausgeblendet und ver-
neint sowie Drittpersonen die alleinige Schuld zugeschrieben wird.[43]

Im Zentrum der diagnostischen Phase stehen das gegenwärtige Ereignis
und die damit verbundenen Umstände. Dennoch ist es hilfreich, wenn der
Seelsorgende sich ebenfalls ein Bild verschafft, wie das Lebensumfeld und die
-verhältnisse der Person in Not aussehen.[44] Nachdem ein Bild über die Krisensituation (Auslöser, subjektive Erklärung und Bewertung etc.) sowie die
Lebensverhältnisse gewonnen wurde, sollten in einem nächsten Schritt die
Bewältigungsmöglichkeiten des Gegenübers eingeschätzt werden.

2.2.5 Einschätzung der Bewältigungsmöglichkeiten des bedrängten Menschen

Welche Möglichkeiten bieten sich an, die Krise erfolgreich zu bewältigen? Wel-
che Ressourcen besitzt die in Not geratene Person, die Situation zu meistern?
Bewältigungsmöglichkeiten des Gegenübers hängen von persönlichen (z. B.
Optimismus), instrumentellen sowie sozialen Ressourcen (z. B. emotionale
Unterstützung eines nahe stehenden Menschen) ab.[45] Eine erfolgreiche Bewäl-

---

42 Vgl. ebd. 24.
43 Vgl. ebd. 24.
44 Vgl. ebd. 24 f.
45 Vgl. *Aguilera*, Krisenintervention 71 f; 75–77.

tigung der Krisensituation wird daher davon abhängen, inwieweit es dem Seelsorger resp. der Seelsorgerin gelingt, diese Ressourcen zu aktivieren.[46] Persönliche Ressourcen beziehen sich auf Stärken des Gegenübers. So kann sich der Seelsorgende fragen: Welche Neigungen, Interessen, Fähigkeiten sowie Gewohnheiten bleiben trotz der Krise erhalten und können für die Begleitung und in die Zukunft hinein genutzt und aktiviert werden? Eine Variable, welcher in der Seelsorge besondere Betrachtung geschenkt werden soll, ist diejenige der Religiosität. Gegebenenfalls gilt es, «die Ressource ‹Glauben› ins Spiel zu bringen».[47] Problemspezifische instrumentelle Ressourcen verweisen auf Fähigkeiten des Gegenübers, mit schwierigen Situationen umzugehen, z. B. durch ähnliche, bereits erlebte Problemkonstellationen.[48] Bei Fähigkeiten im Zusammenhang mit ähnlichen Situationen gilt es zu eruieren, wie die Person damals mit der Situation umgegangen war und ob die damaligen Lösungsversuche erfolgreich waren. Eventuell lassen sich diese damaligen Erkenntnisse für die jetzige Situation nutzen.

Schließlich sind betroffene Menschen in Krisensituationen in besonderem Maße auf die Unterstützung von ihren Mitmenschen angewiesen, sei es, um emotionale Unterstützung zu erhalten oder auf Erfahrungen von Drittpersonen mit ähnlichen Situationen zurückgreifen zu können. Bedrängte Menschen bedürfen jedoch auch praktischer oder materieller Hilfen. Beispielsweise ist eine Mutter auf Drittpersonen angewiesen, welche ihre zwei kleinen Kinder beaufsichtigt, währenddessen sie ihren verunfallten Mann im Spital besuchen kann. Eine Einbettung im sozialen Netz gibt zudem ein Gefühl der Kontinuität. Insbesondere bei Verlustsituationen (z. B. Todesfall) kommt diesem Moment eine entscheidende Bedeutung zu. In Krisensituationen werden jedoch gleichzeitig die sozialen Beziehungen in besonderem Maß strapaziert, was Gefahren in sich birgt:[49] So führt eine Trennung vom Partner oft zusätzlich zum Verlust oder zu Entfremdung in der Familie, bei den Nachbarn oder im Freundeskreis. Im Weiteren kann ein Betroffener in der Krise feststellen, dass sein soziales Netz ihn nicht trägt – weil Bindungen fehlen oder sich nicht als tragbar erweisen – und er alleine da steht. Schließlich kann sich das soziale Netz auch als zusätzlicher Belastungsfaktor erweisen, wenn beispielsweise von

---

46 Vgl. *Lohse,* Kurzgespräch 101–103; *James/Gilliland,* Crisis Intervention 47.
47 *Ziemer,* Seelsorge 8.
48 Vgl. *Dross,* Krisenintervention 25–28.
49 Vgl. ebd. 26 f.

der Familie oder von Freunden Kritik geäußert oder von diesen Verhaltens-normen eingefordert werden.

Im Verlauf der Begleitung gilt es schließlich bereits bestehende respektive durch die Krise sich entwickelnde psychische Störungen zu erkennen (Diffe-rentialdiagnose), da bei psychischen Störungen eine Fachperson zugezogen werden muss. Da das primäre Ziel der Krisenintervention in der Sicherung des Lebens des Gegenübers sowie Dritter besteht, sollten Suizid- respektive Fremdgefährdungsimpulse erkannt werden.

Die Fülle der so gewonnenen Informationen dient dem Seelsorger resp. der Seelsorgerin dazu, abschätzen zu können, ob er den bedrängten Menschen auf seinem Weg begleiten kann (Indikation). In Anlehnung an Dross können fol-gende Fragen hilfreich sein:[50]

– Liegt – als Ergebnis der Diagnostik – eine Krisensituation vor, welche sich im Rahmen einer pastoralen Krisenintervention angehen lässt?
– Wie viele Sitzungen können aufgrund der Kapazitäten des Seelsorgenden angeboten werden?
– Wie erreichbar ist der Seelsorgende während der Zeit der Begleitung?
– Darf der bedrängte Mensch den Seelsorgenden zu Hause privat anrufen, oder ist er nur über die Büronummer erreichbar?
– Ist es angebracht, weitere Bezugspersonen (z. B. Ehepartner) in die Beglei-tung einzubeziehen?
– Ist es notwendig, weitere Fachpersonen (z. B. Arzt, Psychotherapeut, Rechtsberatung) in die Begleitung einzubeziehen?
– Könnte die Teilnahme an einer Selbsthilfegruppe für die in Not geratene Person hilfreich sein?

2.3 Intervention: Emotionale Stabilisierung, Problembearbeitung, Aktivierung des sozialen Netzwerkes sowie religiöse Ressourcen

Die diagnostischen Grundlagen des letzten Kapitels sollen die Basis für die folgenden Ausführungen darstellen. Je nach Problematik, Krisenanlass und Krisensymptomen gilt es, das nachfolgende Interventionsgeschehen zu gestal-ten. Gemäß Sonneck und Etzersdorfer liegen grundlegende Ziele in der emo-tionalen Stabilisierung, der Problembearbeitung sowie der Aktivierung des

---

50 Vgl. ebd. 36 f.

sozialen Netzwerkes.[51] In manchen Fällen steht dabei die emotionale Stabilisierung im Vordergrund (z. B. Todesfall) und es gilt, die Trauer und den Schmerz auszuhalten und den Verlust zu akzeptieren. In anderen Fällen dürfte die Problembearbeitung und damit zusammenhängend die Änderung einer belastenden Situation im Vordergrund stehen (z. B. Arbeitsplatzverlust). Mittel und Wege, die jeweils anstehenden Ziele zu erreichen, sollen in den folgenden Abschnitten dargestellt werden.

2.3.1 Emotionale Stabilisierung

Krisenmomente sind gekennzeichnet durch unterschiedlichste negative Emotionen wie Angst, Trauer, Wut, Scham, Eifersucht, Neid usw. Diese Emotionen werden oftmals als überwältigend, nicht mehr kontrollierbar und unangenehm empfunden. Aufgabe einer pastoralen Krisenintervention ist daher, die Person emotional zu stabilisieren. In Anlehnung an Dross können u. a. folgende Grundinterventionsstrategien in Betracht gezogen werden:[52]

Anteilnahme zeigen und Fürsorge entwickeln

Grundlegend soll das Gespräch resp. die Beziehung geprägt sein von Aufrichtigkeit, Wertschätzung und Empathie. Das bedeutet: Der Seelsorgende nimmt Anteil am Erleben und Geschehen seines Gegenübers und würdigt damit dessen Erleben. Denn für viele Menschen stellt das Gespräch mit dem Seelsorger oder der Seelsorgerin oft den ersten Moment in ihrem Leben dar, in welchem ihr Leben und ihr Schicksal anerkannt und gewürdigt werden.

In dieselbe Richtung wie die Anteilnahme zielt das Entwickeln von Fürsorge. Diese lässt sich auf unterschiedlichen Ebenen realisieren. Auf der körperlichen Ebene kann es bedeuten, dem Gegenüber beispielsweise etwas zu trinken zu geben. Auf der sozialen Ebene kann es bedeuten, die Person bei einer angezeigten Überweisung in eine psychiatrische Klinik zu begleiten, oder der Seelsorgende stattet nach einem Todesfall einen Hausbesuch ab und engagiert sich – bei Bedarf – in der Trauernachsorge.

Für Entspannung sorgen und Unruhe auffangen

Viele Menschen in Krisen fühlen sich körperlich angespannt, die Muskulatur ist verkrampft; oder der Mensch fühlt sich gereizt, nervös, innerlich angespannt und leidet unter Schlafstörungen. Entspannungstechniken wie das

---

51 Vgl. *Sonneck/Etzersdorfer*, Krisenintervention 20.
52 Vgl. *Dross*, Krisenintervention 38 f.

Autogene Training oder die progressive Muskelrelaxation nach Jacobson[53] können helfen, innere und äußere Verspannungen zu lösen. Gleiches gilt, um die Unruhe aufzufangen. Menschen mit Angst zeigen oft ein agitiertes Verhalten. Sie können nicht still sitzen und haben das Bedürfnis, sich zu bewegen, auf und ab zu gehen usw. In solchen Momenten kann es angezeigt sein, einen Spaziergang mit dem bedrängten Menschen zu unternehmen. Krisenseelsorge ist nicht an das Büro oder das Pfarrhaus gebunden. Kreativität und Flexibilität sind in Krisenberatungen unerlässlich.

Zeitperspektiven schaffen und Druck wegnehmen

Menschen in Krisen haben manchmal den Eindruck, dass sie ihre Trauer schon längst überwunden haben müssten. Hinweise, dass solche Prozesse viel Zeit benötigen und nur allmählich bewältigbar sind, können den «Leistungsdruck» vermindern. Ähnliches gilt auch für Überzeugungen seitens des in Not geratenen Menschen, er müsste trotz der Schwierigkeiten weiterhin tadellos funktionieren. Hier können Gegennormen Erleichterung verschaffen: Der Mensch muss nicht immer funktionieren. Man darf sich eine Auszeit nehmen.

Kritische Tages- und Wochenzeiten

Für manche Menschen sind bestimmte Tages- oder Wochenzeiten besonders belastend (z. B. nach der Trennung vom Partner: das früher immer gemeinsam verbrachte Wochenende). Solche kritischen Zeiten gilt es im vornherein zu erkunden und abzusprechen, wie sich die Person helfen kann.

Die dargestellten Punkte lassen sich ergänzen und erweitern. Sie sollen Anregungen für die emotionale Stabilisierung darstellen. Ergänzend soll noch angefügt werden, dass bei unerträglichen Belastungen auch an medikamentöse Unterstützung gedacht werden sollte und das Gegenüber angeregt werden kann, die Situation mit seinem Hausarzt zu besprechen.[54]

2.3.2 Problembearbeitung

Bei der Problembearbeitung geht es vorwiegend um Strategien, welche dem bedrängten Menschen helfen sollen, konkret anstehende Probleme anzugehen. Zielfrage bei diesen Strategien ist laut Dross: «Was kann ich tun, damit meine jetzige schwierige Situation leichter wird?».[55] Das Finden solcher situa-

---

53 Vgl. *Jacobson,* Entspannung.
54 Vgl. *Sonneck/Schjerve,* Krisenintervention 73–74.
55 *Dross,* Krisenintervention 39.

tiv-adaptiver Strategien zur Bewältigung der Problematik kann beispielsweise durch direktes Fragen gefördert werden:[56] «Was tut Ihnen gut oder hat Ihnen früher gut getan?» Durch diese oder eine ähnliche Frage gelingt es eventuell dem bedrängten Menschen, alte erfolgreiche Bewältigungsstrategien zu reaktivieren. In manchen Fällen müssen jedoch neue Strategien gelernt werden – da die bisherigen Strategien nicht den gewünschten Erfolg brachten. Wichtig ist, dass mit der in Not geratenen Person ein gemeinsames Ziel definiert wird, welches auf Grundlage der Diagnostik und mit Hilfe der nachfolgenden Strategien angegangen werden kann. Dieses Ziel gilt es während der ganzen Interventionsphase im Auge zu behalten. Schließlich sind die Ziele nur zu erreichen, wenn der Seelsorgende und die bedrängte Person gemeinsam und partnerschaftlich arbeiten. Ein Krisenberater ist kein Arzt, welcher dem Menschen in einer Krise ein Medikament verschreibt, das die Krankheit «Krise» heilt. Viel eher stellt der Seelsorger resp. die Seelsorgerin der bedrängten Person sein Ohr und sein Wissen zur Verfügung, damit sie mit ihren Problemen besser umgehen kann und sie nach und nach zu bewältigen lernt.[57]

Interventionstechniken zur Bearbeitung spezifischer Problematiken sind in Anlehnung an Dross u. a. Strategien im Zusammenhang mit belastenden Emotionen (z. B. Ärgerkontrolle), das Krisentagebuch, die Strategie zur Distanzierung von der Krise, Entspannungstechniken, Strategien innerer Dialoge, Focusing, Strategien der Imagination, Problemlösetraining, Wunderfrage, Strategien der kognitiven Umstrukturierung, Stressimpfungstraining sowie Suizidinterventionen. Zwei solche Strategien sollen exemplarisch kurz dargestellt werden:[58]

Krisentagebuch

Eine Möglichkeit, sich mit den Ereignissen aktiv auseinander zu setzen, besteht darin, ein Krisentagebuch zu schreiben. Besonders hilfreich kann dies sein bei Menschen, welche in ihrem Leben bereits einmal Tagebuch geschrieben haben und sich in Lebensübergängen befinden.[59] Die Gestaltung des Tagebuches lässt sich auch durch das Schreiben fiktiver Briefe an Freunde, an Verwandte oder an sich selbst realisieren. Auf diese Weise kann sich die

---

56 Vgl. ebd. 39 f.
57 Vgl. *Bryant/Harvey*, Acute Stress Disorder 93.
58 Vgl. *Dross*, Krisenintervention 44–53.
59 Vgl. ebd. 45 f.

bedrängte Person Gefühle oder Phantasien von der Seele schreiben, welche sie in einem realen Dialog nur schwerlich ausdrücken kann.[60]

Problemlösungstraining

Gewisse Krisensituationen rufen nach einer aktiven Lösung der Problematik. Es gilt, Schritte zur Bewältigung der Situation ins Auge zu fassen und umzusetzen. So können beispielsweise schlechte Lernstrategien oder fehlende Fähigkeiten, die Vorbereitung einer Prüfung zu organisieren, einen Studenten in eine Krise bringen. In solchen Fällen sollte versucht werden, die problematische Situation lösungsorientiert anzugehen. Ein Problemlösungstraining kann dabei hilfreich sein. Dadurch erwerben die in Not geratenen Menschen vermehrte allgemeine Problemlösungsfertigkeiten, welche sie in der Krisensituation einsetzen können. D'Zurilla und Goldfried[61] schlagen ein fünfstufiges Verfahren vor, welches von der allgemeinen Einstellung zum Problem über die Definition und Formulierung des Problems, dem Finden von Alternativen, dem Entscheid für eine Lösung sowie der Überprüfung und Implementierung reicht.

2.3.3 Aktivierung des sozialen Netzwerkes: Andere Menschen einbeziehen

Wie bereits angedeutet, besteht ein Pfeiler der Krisenbewältigung in der Aktivierung des sozialen Netzwerkes der Person. Dieses gilt es in die Begleitung einzubeziehen,[62] sei dies in Form emotionaler Hilfe (z. B. Menschen, die dem Gegenüber zuhören, trösten etc.) oder auch instrumenteller Hilfe (z. B. Kinderhüten).

Neben dem sozialen Stützsystem des bedrängten Menschen kann auch die Pfarrei Hilfen und Strukturen zur Verfügung stellen, welche Bedrängten in Zeiten der Not zur Seite stehen.[63] Gerade die in vielen Pfarreien oder Seelsor-

---

60 Vgl. ebd. 46.
61 Vgl. *D'Zurilla/Nezu*, Problem 95–150.
62 Vgl. *Simmich/Reimer/Alberti* u. a., Empfehlungen 396; *Aguilera*, Krisenintervention 75–77.
63 *Stone/Cross/Purvis* u. a. (vgl. Study 416–420) weisen mit Hilfe einer qualitativen Untersuchung die Wichtigkeit dieser kirchlichen «Hilfsstrukturen» nach. In ihrer Untersuchung interviewten sie 26 Personen, welche ein kritisches Lebensereignis erlebten (z. B. Todesfall). Dabei zeigte sich, dass Hilfeleistungen der sozialen Unterstützung wie beispielsweise ein Besuch bei der verwitweten Person, die Zubereitung einer Mahlzeit für eine Trauernde, die Begleitung in den Warteraum einer Intensivstation etc. zu den wichtigsten Bewältigungsstrategien zählen.

geeinheiten gegründeten Besuchsdienste könnten hierbei eine wichtige Rolle spielen.

2.3.4 Die Vielfalt religiöser Bewältigungsstrategien

Neben den eher «säkularen» Interventionsstrategien können religiöse Strategien eine wichtige Rolle im Rahmen einer Krisenseelsorge spielen. Eine Durchsicht der Literatur zeigt, dass eine Vielzahl religiöser Ressourcen sowie Interventionsformen in der Vergangenheit beschrieben wurde.[64] Diese Fülle lässt sich meiner Ansicht nach mit Hilfe von drei Bereichen beschreiben. Es sind dies: a) Interventionen im Zusammenhang mit dem Gebet, b) Interventionen im Zusammenhang mit religiösen oder biblischen Texten, c) Interventionen im Zusammenhang mit Ritualen. Diese drei Kategorien gilt es im Folgenden zu erläutern.

Interventionen im Zusammenhang mit dem Gebet

Dem Gebet als Bewältigungsstrategie kommt gemäß der Arbeit von Stone et al. eine besondere Bedeutung zu.[65] Dabei kann das Gegenüber für sich alleine oder gemeinsam mit dem Seelsorgenden beten.[66] Eine dritte Art des Gebetes lässt sich als Fürbittgebet umschreiben.[67] Dabei beten der Seelsorgende oder andere Personen für den Menschen in Not. Dieses Wissen, dass jemand für sie betet, scheint Menschen in Krisen Trost zu geben.[68] Eine besondere Art des Gebetes ist schließlich die Meditation.

Interventionen im Zusammenhang mit biblischen oder religiösen Texten

Biblische oder religiöse Texte stellen einen Fundus von Geschichten, Bildern und Metaphern zur Verfügung,[69] welche innerhalb einer Krisenseelsorge genutzt werden können. Religiöse Texte helfen dabei, zu deuten oder zu verstehen, indem beispielsweise biblische Gestalten oder Geschichten zu einer Folie werden, der eigenen Geschichte und der eigenen Krise Worte zu geben,

---

64 Vgl. *Everly,* Pastoral 70; *Everly,* Role 140; *Tan/Dong,* Spiritual 297–302; *Griffith/Griffith,* Encountering 180–188.

65 Vgl. *Stone/Cross/Purvis* u. a., Study 417.

66 Vgl. *Everly,* Role 140; *Tan/Dong,* Spiritual 298; *Stone/Cross/Purvis* u. a., Study 417.

67 Vgl. *Everly,* Role 140; *Hauschildt,* Trümpfe 183.

68 So schreiben Stone und Mitarbeiter (*Stone/Cross/Purvis* u. a., Study 417): «Most participants indicated that this knowledge was very comforting».

69 Vgl. *Hauschildt,* Trümpfe 185 f.

sich in den Geschichten selbst zu finden und eventuell das eigene Erleben neu zu verstehen.

So kann das Schreiben eines Briefes an Gott, in welchem die eigene Situation erklärt und dargestellt wird, dazu anregen, sich mit der Krise vertieft auseinander zu setzen. Doch auch das Schreiben eines Briefes an eine biblische Figur, welche sich selbst in der Krise befand, stellt meiner Ansicht nach ein lohnendes Unterfangen dar (z. B. an Hiob, an den blinden Bartimäus, an Jakob in der Nacht vor der Begegnung mit seinem Bruder Esau). Durch diese Auseinandersetzung mit biblischen Gestalten können Prozesse der Identifikation und des Modelllernens in Gang gebracht werden, welche die Verarbeitung der Krise erleichtern.[70] Auch das kreative Schreiben von Wutpsalmen, Klageliedern, Sehnsuchtspsalmen etc. ist eine Möglichkeit, sich mit der eigenen Problematik auseinander zu setzen und Wünsche und Visionen zum Leben zu erwecken.[71]

Interventionen im Zusammenhang mit Ritualen und Sakramenten

Neben deutenden und sinnstiftenden Worten verdienen auch die religiösen Rituale innerhalb seelsorglicher Situationen Aufmerksamkeit. Diese Beschäftigung mit Ritualen trägt «der Einsicht Rechnung, dass Seelsorge nicht in der kognitiven Dimension aufgeht».[72] Besonders in Seelsorgesituationen, wo Worte nur schwer zu finden sind, wo Leid die sprachlichen Ausdrucksmöglichkeiten des Gegenübers übersteigt oder «wo gerade die transzendente Dimension nicht in Worte gefasst werden kann oder dies nicht ausreicht, können Rituale helfend und heilend wirken».[73] Dem Seelsorgenden steht dabei eine Vielzahl von Möglichkeiten offen, angefangen von liturgischen Handlungen (z. B. Gottesdienste), über Sakramente (z. B. Krankensalbung), bis hin zu einfachen Segensgesten.[74]

---

70 Vgl. *Morgenthaler/Schibler*, Beratung 122–129.
71 Vgl. ebd. 152;198.
72 *Pohl-Patalong*, Rübermachen 15.
73 Ebd. 15.
74 An dieser Stelle sei auf das Buch von Post und Mitarbeiter (vgl. *Post/Grimes/Nugteren* u. a., Disaster Ritual) verwiesen. Darin werden Möglichkeiten und Wege aufgezeigt, wie Rituale im Zusammenhang mit Großschadensereignissen eingesetzt werden können.

2.4 Beendigung der Krisenseelsorge und «Follow up»

Bei der im vorliegenden Modell konzipierten Krisenseelsorge handelt es sich um ein zeitlich beschränktes Unterfangen von 6–10 Kontakten. Nach Ablauf dieser Zeit sollte es dem Gegenüber möglich sein, sein Leben und die noch anstehenden Probleme möglichst wieder selbstständig anzugehen. Kriterien für die Beendigung einer Krisenseelsorge sind in Anlehnung an Dross die emotionale Stabilität der in Not geratenen Person, die Kontrolle über grundlegende Lebensbedingungen, der Ausschluss der Selbst- oder Drittgefährdung sowie das Vorhandensein von Perspektiven angesichts der Krisen- und Lebensprobleme.[75] Falls das Gegenüber weitere Hilfe benötigt oder im Laufe der Krisenseelsorge weitere Problemfelder offensichtlich werden, sollte der Krisenseelsorger resp. die Krisenseelsorgerin an die Überweisung resp. an den Beizug einer psychotherapeutischen Beratungsstelle denken.

Nach Möglichkeit sollte eine Zusammenkunft drei bis sechs Monate nach Beendigung der Krisenseelsorge verabredet werden (ein so genanntes Follow-up).[76] Der Sinn einer solchen Sitzung besteht darin, aus einer gewissen Distanz Rückschau auf die Krisenzeit zu halten.

Das vierstufige Modell soll Seelsorgern und Seelsorgerinnen helfen, zu verheißungsvollen Hoffnungsträgern in Zeiten der Not und des Leides zu werden, damit Menschen wieder Ruhe in ihrer Seele finden können (Mt 11,29), damit eine Subjektwerdung trotz widriger Umstände möglich wird[77] und damit Bedrängte nach schmerzhaften Erfahrungen wieder beginnen, kleine Auferstehungsschritte zu wagen.[78]

---

75 Vgl. *Dross*, Krisenintervention 42.
76 Vgl. ebd. 42.
77 Vgl. *Karrer*, Erfahrung 215; *Gärtner*, Orientierungslos 219.
78 Vgl. *Karrer*, Seele 242.

Literatur

Aguilera, Donna C.: Krisenintervention: Grundlagen – Methoden – Anwendung, Bern 2000.

Baumgartner, Isidor: Pastoralpsychologie. Einführung in die Praxis heilender Seelsorge, Düsseldorf 1990.

Ders.: Heilende Seelsorge in Lebenskrisen, Düsseldorf 1992.

Biermann-Ratjen, Eva-Maria/Eckert, Jochen/Schwartz, Hans-Joachim: Gesprächspsychotherapie. Verändern durch Verstehen, Stuttgart 1997.

Bryant, Richard A./Harvey, Allison G.: Acute Stress Disorder. A Handbook of Theory, Assessment, and Treatment, Washington DC 2000.

Dross, Margret: Krisenintervention, Göttingen 2001.

D'Zurilla, Thomas J./Nezu, Arthur: Problem-Solving Therapy. A Social Competence Approach to Clinical Intervention. Social Problem Solving in Adults, New York 1999.

Everly, George S.: «Pastoral Crisis Intervention»: Toward a Definition. In: International Journal of Emergency Mental Health 2 (2000) 69–71.

Ders.: The Role of Pastoral Crisis Intervention in Disasters, Terrorism, Violence, and Other Community Crisis. In: International Journal of Emergency Mental Health 2 (2000) 139–142.

Fuchs, Ottmar: «Komparative Empirie» in theologischer Absicht. In: Theologische Quartalschrift 182 (2002) 167–188.

Gärtner, Stefan: Orientierungslos? Seelsorge in der Postmoderne. In: Diakonia 35 (2004) 217–222.

Griffith, James L./Griffith, Melissa E.: Encountering the Sacred in Psychotherapy: How to Talk with People about Their Spiritual Lives, New York 2002.

Haslinger, Herbert (Hrsg.): Handbuch praktische Theologie. Band 1: Grundlegungen, Mainz 1999.

Ders./Bundschuh-Schramm, Christiane/Fuchs, Ottmar u. a.: Praktische Theologie – eine Begriffsbestimmung in Thesen. In: *Ders.* (Hrsg.): Handbuch praktische Theologie Bd. 1, a. a. O., 386–397.

Hauschildt, Eberhard: Die «eigenen» Trümpfe ausspielen. Christliche Seelsorge auf dem Psychomarkt. In: *Josuttis, Manfred/Schmidt, Heinz/Scholpp, Stefan:* Auf dem Weg zu einer seelsorglichen Kirche. Theologische Bausteine. Christian Möller zum 60. Geburtstag, Göttingen 2000, 179–188.

Hausmann, Clemens: Handbuch Notfallpsychologie und Traumabewältigung. Grundlagen, Interventionen, Versorgungsstandards, Wien 2003.

Jacobson, Edmund: Entspannung als Therapie. Progressive Relaxation in Theorie und Praxis, München 1993.

James, Richard K./Gilliland, Burl E.: Crisis Intervention Strategies. Belmont 2005.

Karrer, Leo: Jesus: Vision und Praxis christlichen Lebens. In: *Haslinger, Herbert* (Hrsg.): Handbuch praktische Theologie Bd. 1, a. a. O., 144–156.

Ders.: Erfahrung als Prinzip der Praktischen Theologie. In: *Haslinger, Herbert* (Hrsg.): Handbuch praktische Theologie Bd. 1, a. a. O., 199–219.

Ders.: Was die Seele nährt. Spiritualität im Prozess der Menschwerdung. In: *Weber, Franz/Böhm, Thomas/Findl-Ludescher, Anna* u. a.: Im Glauben Mensch werden: Impulse für eine Pastoral, die zur Welt kommt. Festschrift für Hermann Stenger zum 80. Geburtstag, Münster 2000, 233–242.

Lohse, Timm H.: Das Kurzgespräch in Seelsorge und Beratung. Eine methodische Anleitung, Göttingen 2003.

Luther, Henning: Religion und Alltag. Bausteine zu einer praktischen Theologie des Subjekts, Stuttgart 1992.

Lyall, David: Pastoral counselling in a postmodern context. In: *Lynch, Gordon:* Clinical counselling in pastoral settings, London 1999, 7–21.

Moltmann, Jürgen: Gott in der Schöpfung. Ökologische Schöpfungslehre, München 1985.

Morgenthaler, Christoph/Schibler, Gina: Religiös-existentielle Beratung. Eine Einführung, Stuttgart 2002.

Nidetzky, Werner: Allgemeine Ziele der seelsorglichen Beratung und Begleitung. In: *Baumgartner, Konrad/Müller, Wunibald:* Beraten und Begleiten. Handbuch für das seelsorgliche Gespräch, Freiburg i. Br. 1990, 51–60.

Piper, Hans-Christoph: Einladung zum Gespräch. Themen der Seelsorge, Göttingen 1998.

Pohl-Patalong, Uta: Vom «Rübermachen nach Amerika», «Kribbeln im Rücken» und anderen religiösen Phänomenen. Religiöse Kompetenz in der Seelsorge. In: Praktische Theologie 36 (2001) 4–16.

Post, Paul/Grimes, Ronald R./Nugteren, Albertina u. a.: Disaster Ritual. Explorations of an Emerging Ritual Repertoire, Leuven 2003.

Rogers, Carl R.: Therapeut und Klient. Grundlagen der Gesprächspsychotherapie. Mit dem berühmten halbstündigen Interview mit Gloria sowie zwei Darstellungen von Kurztherapie, München 1977.

Sachse, Rainer: Lehrbuch der Gesprächspsychotherapie, Göttingen 1999.

Scherer-Rath, Michael: Lebenssackgassen. Herausforderung für die pastorale Beratung und Begleitung von Menschen in Lebenskrisen, Münster 2001.

Schmid, Peter F.: Menschengerechte Förderung und Herausforderung. Zur Bedeutung der Pastoralpsychologie für die Seelsorge, die Theologie und die Psychologie, URL: http://members.1012surfnet.at/pfs/paper-pastpsych-lang.pdf 2003.

Simmich, Thomas/Reimer, Christian/Alberti, Luciano u. a.: Empfehlungen zur Behandlungspraxis bei psychotherapeutischen Kriseninterventionen. In: Psychotherapeut 44 (1999) 394–398.

Sonneck, Gernot: Krisenintervention und Suizidverhütung: ein Leitfaden für den Umgang mit Menschen in Krisen, Wien 1995.

Ders./Etzersdorfer, Elmar: Krisenintervention und Umgang mit akut Suizidgefährdeten (für den eiligen Leser). In: *Ders.:* Krisenintervention und Suizidverhütung, a. a. O., 15–27.

Ders./Schjerve, Martin: Krisenintervention und Medikamente. In: *Ders.:* Krisenintervention und Suizidverhütung, a. a. O., 73–74.

Stone, Howard W.: Crisis Counselling. Caring for People in Emotional Shock. Revised Edition, London 1993.

Ders.: The Changing Times: A Case for Brief Pastoral Counseling. In: *Ders.:* Strategies for Brief Pastoral Counseling, Minneapolis 2001, 3–22.

Ders./Cross, David R./Purvis, Karyn B. u. a.: A Study of Church Members During Times of Crisis. In: Pastoral Psychology 52 (2004) 405–421.

Switzer, David K.: Pastoral Care Emergencies. Ministring to People in Crisis, Mahwah 1988.

Tan, Siang-Yang/Dong, Natalie J.: Spiritual Interventions in Healing and Wholeness. In: *Plante Thomas G./Sherman, Allen C.:* Faith and Health. Psychological Perspectives, New York 2001, 291–310.

Ziemer, Jürgen: Seelsorgelehre. Eine Einführung für Studium und Praxis, Göttingen 2000.

Ders.: Seelsorge. Grundfragen zu einem kirchlichen Handlungsfeld, URL: http://www.theologie-online.uni-goettingen.de/pt/ziemer.htm 2004.

«Wenn der Tod die Schule betritt …»

Krisenseelsorge im Schulbereich sucht einen Weg durch Entsetzen und Trauer

Josef Zimmermann

Zwei etwa zehn Jahre alte Jungen stehen auf einer Brücke und wetten um ein Geldstück, welches Auto als nächstes an ihnen vorbeifahren wird: ein Volvo oder ein Mercedes? Langsam nähert sich ein Fahrzeug. Es ist ein Leichenwagen, der vor dem Haus gegenüber stehen bleibt. Die Buben sehen, wie schwarz gekleidete Männer einen Sarg aus dem Haus tragen, dem ein Junge mit seinem Vater folgt. Die Stimmung der beiden ändert sich von einem Augenblick auf den anderen. Sie nehmen Blickkontakt zu dem traurigen Jungen auf, der beobachtet, wie der Sarg mit dem Leichnam seiner Mutter in den Leichenwagen geschoben wird. Einen kurzen Moment begegnen sich die Blicke der Kinder. Traurig, aber erwartungsvoll schaut der Bub die zwei Freunde an, dann verschwindet er wieder im Haus. Plötzlich ist die Wette nicht mehr interessant, plötzlich ist alles anders.

Die hier geschilderte Szene ist dem Kurzspielfilm «Die Wette»[1] entnommen. Im Film werden Menschen, die mitten im Leben stehen und die von der Normalität des Alltags gefangen gehalten werden, überraschend mit dem «Thema Tod» konfrontiert: Während einer Wette fährt ein Leichenwagen vor! Die folgenden Szenen stellen den Zuschauer unaufdringlich, aber doch eindrucksvoll vor die Fragen: Wie reagieren die drei Jungen in dieser für sie belastenden Situation, und was brauchen sie jetzt unbedingt?

«Wenn der Tod den Lebensraum Schule betritt» – dann ist von einer Minute auf die andere nichts mehr so, wie es gerade eben noch war! Der vorliegende Artikel möchte im Falle eines plötzlichen Todesereignisses im schulischen Umfeld Perspektiven entwickeln, wie die Handlungskompetenz von Lehrerinnen und Lehrern gestärkt und diese befähigt werden können, in Zeiten des Chaos und der Trauer kompetente Begleitung und Hilfe anzubieten. Denn der Tod wirft viele Fragen auf, er vermag vor allem das sonst so stabile

---

1 Die Wette, Kurzspielfilm von *Eva F. Dahr,* Norwegen 1998, Matthias-Film Stuttgart.

System Schule von einer Sekunde auf die andere ins Wanken oder gar zum Zusammenbruch bringen: Nicht nur die großen Katastrophen wie Amoklauf oder Bombendrohung, sondern viele oft von Lehrern unbemerkte «Kleinschadensfälle» stürzen die Mitglieder der Schulgemeinschaft in Krisen, die einer alleine nur schwer bewältigen kann: der Tod der geliebten Großmutter, der im Sterben liegende Vater, der nach dem Firmausflug plötzlich verstorbene Firmpate. Unsicherheit, Verzweiflung, Verdrängen, Wut, Schuld und Hoffnungslosigkeit machen sich breit. Und das nicht nur beim Betroffenen selbst, sondern in der gesamten Schulgemeinschaft.

Wie zum Beispiel soll eine Klasse auf den Tod von Pauls Mutter reagieren? Wie geht eine Klassengemeinschaft damit um, dass Sarah am Wochenende bei einem Motorradunfall tödlich verunglückte? Was tut ein Lehrerkollegium nach dem plötzlichen Tod eines Kollegen?

Eines ist bei all diesen Beispielen unbedingt not-wendig: so schnell, so bestimmt und so behutsam als möglich aus der entstandenen Lähmung heraus ins Handeln zu kommen, um somit für alle Beteiligten wieder äußere und emotionale Sicherheit herzustellen.

Um in den erwähnten Situationen diese Handlungskompetenz gewährleisten zu können, sollte sich eine Schulgemeinschaft bereits vor dem Eintritt eines belastenden Ereignisses konkrete Pläne zurechtlegen, die der eigenen Schulsituation gerecht werden.

1 Reaktionen auf ein belastendes Ereignis

«Eine akute psychische Traumatisierung ist eine normale und angemessene Reaktion eines gesunden und normalen Menschen auf eine ganz und gar unnormale Situation.»[2] Man kann davon ausgehen, dass die Reaktionsweisen, die durch eine akute psychische Traumatisierung ausgelöst werden, für den Betroffenen einen Schutz darstellen und ihm ermöglichen, ein Mindestmaß an Handlungsfähigkeit zu behalten. Erst wenn Reaktionen über einen Zeitraum von mehreren Tagen bis hin zu einigen Wochen aufrechterhalten werden, muss die Gefahr des Übergangs zu krankhaften Verläufen in Betracht gezogen werden.

Menschen reagieren zunächst stets *körperlich* auf ein belastendes Ereignis: Sie sind zum Beispiel wie gelähmt, geschockt, desorientiert, nicht ansprech-

---

2 *Müller-Cyran,* Notfall 2.

bar. Es kann sogar zu Bewegungslosigkeit und Ohnmacht kommen. Aber auch gegensätzliche Reaktionen sind möglich: hysterisches Schreien, Weglaufen, Reaktionen im Magen-Darm-Trakt, Weinen, Lachen und unüberlegtes Handeln. Neben diesen körperlichen kann sich eine Vielzahl von *psychischen* Reaktionen einstellen: Betroffene reagieren fast immer mit diffuser Angst, Ärger und Wut, Traurigkeit, Hoffnungslosigkeit und Apathie. Ferner nehmen Schuldgefühle einen großen Raum ein: Entweder gibt sich der Betroffene selbst die Schuld («Ich war nicht da!», «Hätte ich doch …»), oder er beschuldigt andere, zum Beispiel die Ärzte oder Verwandte. Von Bedeutung ist in diesem Fall, dass der Betroffene eine reale Schuld benennen darf, der Helfer jedoch unbegründete Schuld relativieren muss.

Vorrangiges Ziel der Krisenintervention in diesem frühen peritraumatischen Zeitraum ist die Vermittlung von äußerer wie auch von emotionaler Sicherheit, Verlässlichkeit und Berechenbarkeit: «Kriseninterventionen sollen möglichst rasch erfolgen, als Angebot verstanden werden und die Menschen in die Lage versetzen, die Situation Schritt für Schritt wieder selbst zu meistern. Wenn Betroffene durch Entscheidungen anderer entmündigt werden, schneidet man sie damit vom Erleben ihrer eigenen Bewältigungsressourcen ab. Notfallpsychologische Maßnahmen sollen dazu beitragen, die Lähmung zu überwinden, den Überblick wiederzugewinnen, die Ressourcen der neuen Realität anzupassen und Unterstützungssysteme wieder nutzen zu lernen.»[3] Folgende drei Aspekte müssen daher jeder Intervention selbstverständlich zugrunde liegen:

1.1 Kontinuierliche Präsenz

Das Hauptgewicht der Intervention liegt zunächst weniger auf Reden als vielmehr auf sprachloser Präsenz. Es gilt, die Sprachlosigkeit auszuhalten – angesichts des «Unaussprechlichen», das der Betroffene soeben erleben musste und noch muss. Er nimmt durch den Schleier seines Zustandes wahr, dass jemand bei ihm ist. Das gibt ihm Halt und ist wichtig für eine stabile und verlässliche Beziehung. Der Helfer ist präsent als jemand, der «einfach da ist». Er zeichnet sich aus als jemand, für den der Tod kein Tabu ist, der eigene Erfahrungen bereits reflektiert hat und um seine Wunden wie auch um seine persönlichen

---

3 *Englbrecht/Storath,* Krisen 20.

Kraftquellen weiß; er vermittelt Sicherheit, gibt dem Chaos Struktur und unterstützt den Betroffenen, aus der Lähmung heraus ins Handeln zu kommen.

1.2 Von der Sprachlosigkeit zum Erzählen

Der Begleiter ermöglicht dem Betroffenen durch unaufdringliches Nachfragen, Erlebtes bereits frühzeitig in Worte zu fassen und Geschehnisse von Anfang an in einen Gesamtzusammenhang einzuordnen: Was genau ist passiert? Was hast du dabei gefühlt? Wie hast du reagiert? Was möchtest du jetzt tun? Ziel der Interventionen muss es sein, Orientierung im Hier und Jetzt zu geben – mit der sicheren Gewissheit, dass es vorbei ist.

1.3 Innere und soziale Ressourcen

Betroffene Menschen brauchen vor allem Freiräume, um selbst wieder handlungs- und gestaltungsfähig zu werden. Es wäre falsch, sie in einer passiven Rolle zu belassen, indem man ihnen alles abnimmt, sondern es geht darum, sie zu ermutigen, aktiv das zu gestalten, was machbar ist. Mit großer Wahrscheinlichkeit hat ein Betroffener selbst ein gutes Gespür dafür, was ihm im Augenblick gut tut. Er kann und darf hierbei auf eigene Ressourcen vertrauen, die er im Laufe seines Lebens entwickelt hat. Krisenintervention bereitet oft nur das Umfeld, den Rahmen für den Betroffenen, der immer Handelnder bleiben muss.

Neben den inneren spielen die sozialen Ressourcen eine bedeutsame Rolle: Welche Menschen können für den Betroffenen unterstützend tätig werden? Wen hat er jetzt gern in seiner Nähe? «So wichtig professionelle psychosoziale Unterstützungsangebote auch sind, die Bedeutung der sozialen Ressourcen von Betroffenen dürfen nicht unterschätzt werden. Denn sie stehen niederschwellig und verlässlich auch über einen längeren Zeitraum zur Verfügung.»[4]

---

4 *Müller-Cyran*, Notfall 4.

2 Krisenteam

2.1 Notwendigkeit und erste Schritte

Kommt es in einem Schulhaus zu einem Zusammenbruch, einer Katastrophe, so tritt rasch ein großes unterstützendes Netzwerk in Aktion. Weitaus häufiger jedoch zwingt ein Todesfall in der Schulfamilie die Verantwortlichen der Schule zu raschem, angemessenem Handeln. Durch Bildung eines Krisenteams können sich Verantwortliche bereits im Vorfeld Gedanken machen und «Pläne zurechtlegen», was zu tun und zu unterlassen ist, wenn «der Tod die Schule betritt». Während dieses Prozesses nimmt sich eine Lehrkraft des Themas *Tod an der Schule* an und steht ab sofort als Ansprechpartner und Leiter des Teams zur Verfügung.

In einem ersten Gespräch mit der Schulleitung wird die Idee «Krisenteam» vorgestellt und der Gewinn für die Schule vermittelt. Aufgaben, Chancen und auch Grenzen im Umgang mit Krise und Tod werden benannt sowie die mögliche Zusammensetzung des Teams bedacht. Daraufhin werden geeignete Personen vom Schulleiter angesprochen und für die Aufgabe gewonnen. Das Team könnte sich folgendermaßen zusammensetzen: ein Mitglied der Schulleitung, der Schulpsychologe, der Vertrauenslehrer, Religionslehrkräfte, Seelsorger, der Sicherheitsbeauftragte, weitere am Thema interessierte Lehrkräfte und im erweiterten Kreis auch der Hausmeister, die Sekretärin sowie eine Elternvertretung. In einem nächsten Schritt wird die Idee «Krisenteam» in der Lehrerkonferenz vorgestellt und somit auf eine breite Basis gestellt. Deutlich wird dabei, dass die Institution eines Krisenteams einen echten Zugewinn für die Schulgemeinschaft darstellt und auch einzelne Lehrkräfte entlastet, die sich mit dem Thema «Tod» schwer tun.

In einem ersten Treffen lernen sich die Mitglieder des Teams «neu» kennen. Es wird dabei deutlich, dass Menschen, die sich täglich begegnen, doch häufig sehr wenig voneinander wissen. Im gemeinsamen Gespräch wird von Erfahrungen und Begegnungen mit dem Tod berichtet. Dabei wird zweierlei deutlich: die eigene Motivation sowie auch Vorstellungen und Ideen, was Menschen, die dem Tod begegnen, wirklich brauchen. In regelmäßigen Abständen sollten sich Teammitglieder diesem Prozess des Erfahrungsaustausches aussetzen, um die momentane Belastbarkeit zu überprüfen. Wer sich gerade selbst in einem aktuellen Trauerprozess befindet, sollte sich bei der Betreuung von traumatisierten Schülern zurückhalten und mehr im Hintergrund agieren. In einem nächsten Schritt werden die Leitung des Krisenteams bestimmt und weitere Zuständigkeiten geklärt. Bevor das Team seine Arbeit aufnimmt, stellt die Schulleitung ein geeignetes Arbeitszimmer zur Verfügung, das sowohl mit den gängigen Kommunikationsmitteln ausgestattet ist, als auch eine ansprechende Atmosphäre bietet.

2.2 Aufgaben des Krisenteams, bevor eine Krise eintritt

Um einer aktuellen Krisensituation gerecht zu werden, wird es zwar nicht genügen, das bereits erarbeitete Konzept aus der Schublade zu holen. Dennoch kann genau dieses Konzept im Ernstfall zur wichtigen Stütze und zum Wegweiser werden, der im entstandenen Chaos Orientierung bietet. In einem ersten Schritt erarbeiten daher die Teammitglieder *konkrete Notfallpläne* zum Thema *Tod an unserer Schule*. Ein Rohgerüst solcher Notfallpläne wird weiter unten vorgestellt. Es muss jedoch auf die je eigenen Gegebenheiten einer Schule hin überprüft und ergänzt werden. So sind folgende weitere Punkte bereits im Vorfeld einer Krise zu bedenken und zu regeln:

– *Finden und Ausstatten eines geeigneten Ruheraums:* Jeder Schüler sollte die Möglichkeit haben, sich zurückzuziehen. Wenn zum Beispiel eine Lehrkraft mit einer Klasse über den Tod eines Klassenkameraden spricht, sich ein Schüler aber zurückziehen möchte oder ein persönliches Gespräch wünscht, sollte im Ruheraum eine weitere Lehrkraft dafür zur Verfügung stehen.
– *Erstellen eines erweiterten Krisenkatalogs und Bekanntmachen des Krisenteams unter den Schülern:* Nicht nur der Tod berührt die Schule immer wieder, auch weitere Krisen wie Essstörungen, selbstverletzendes Verhalten, Beziehungsstress u. v. m. belasten unsere Schüler. Das Krisenteam macht sich Gedanken, in welchem Umfang und auf welche Art und Weise sich die Mitglieder für Gespräche zur Verfügung stellen und wie für diese Beratung und Begleitung ansprechend und einladend geworben wird. Dabei ist zu bedenken, dass Schüler oft nicht von sich aus auf Lehrer zugehen, weil sie diese eben in der übergeordneten Position des Lehrers erleben. Der kompetente Begleiter wird mit offenen Augen und mit Gespür etwaige Notsituationen erkennen, Veränderungen im Verhalten von Schülerinnen und Schülern wahrnehmen und diese behutsam und einfühlsam ansprechen. Dabei bleibt der Schüler der Handelnde, der Lehrer der Begleiter.
– *Weitergabe von Informationen an die Schulleitung und das Lehrerkollegium und Sensibilisierung des übrigen Schulpersonals sowie der Elternvertretung:* Es

muss nicht eigens erwähnt werden, dass alle Mitglieder des Krisenteams zur Verschwiegenheit nach außen verpflichtet sind. Höchste Diskretion, wenn es um Inhalte und Personen geht, ist hier Grundlage und Voraussetzung eines funktionierenden Arbeitens. Alle weiteren Prozesse und Entwicklungen des Teams sollten jedoch transparent nach außen sein: Das Krisenteam sollte sich immer wieder bei Lehrerkollegium, Schulleitung, aber auch Elternbeirat ins Spiel bringen und Unterstützung anbieten. Ferner ist zu bedenken, dass die Mitarbeiterinnen des Sekretariats im Krisenfall eine nicht unwichtige Bedeutung besitzen: Sekretärinnen nehmen Anrufe entgegen und sind somit oft die ersten, die mit der Todesnachricht in Berührung kommen.

– *Eigene Weiterbildung, Supervision und Entlastung:* Wer für andere hilfreich da ist, sollte um seine eigenen Stärken und Schwächen, um seine Grenzen und Ressourcen wissen und sich diese immer wieder bewusst machen: Sich vor und nach jedem «Einsatz» seiner Kraftquellen zu versichern, ist mehr als ein Spiel. Nur wer weiß, was ihm Halt gibt, kann anderen Halt geben. Zu dieser Sorge um das eigene Wohl tritt die Notwendigkeit des ständigen Austausches und der thematischen Weiterbildung.

2.3   Aufgaben des Krisenteams im Krisenfall

2.3.1 Grundsätzliches

Alle Interventionen dienen der schnellstmöglichen Wiederherstellung von Stabilität und Sicherheit für alle Beteiligten. Wenn ein krisenhaftes Ereignis eintritt, stellen sich Lehrkräfte und Seelsorger grundsätzlich folgenden Anforderungen:

– Treffen von Entscheidungen im Blick auf die Organisation des ersten Tages sowie der weiteren Tage nach dem Krisenereignis;
– Organisieren von Unterstützung für Schüler/innen und Lehrkräfte zur Verarbeitung des Krisenereignisses;
– Sicherstellen, dass die Schule/die Klasse nach einem Krisenereignis den «normalen» Betrieb aufrechterhalten bzw. baldmöglichst wieder aufnehmen kann;
– Vorbeugen von Nachfolgehandlungen bei Suizid oder Suizidversuch.

Die Mitglieder des schulhausinternen Krisenteams sind für Schülerinnen und Schüler wertvolle Ansprechpartner, die sie oft über eine längere Zeit kennen und begleiten. Dennoch soll hier auch auf das Angebot von unterstützenden außerschulischen Systemen hingewiesen werden, die im Notfall zu Hilfe gerufen werden können. Diese Systeme kommen von außen hinzu, mit allen Vor- und Nachteilen, die dies mit sich bringt. Je nach Region dürfte das Angebot unterschiedlich sein. Grundsätzlich stehen aber Notfallseelsorge, Schulpsychologen, Kriseninterventionsteams verschiedener Hilfsorganisationen hierfür überall bereit. Verantwortliche in der Schule sollten sehr genau überlegen, wann es angebracht ist und wann nicht, Unterstützung von außen hinzuzuziehen.

2.3.2 Kriseninterventionspläne

Im Folgenden werden verschiedene Kriseninterventionspläne vorgestellt. Diese Pläne müssen vom Krisenteam überarbeitet und den individuellen schulischen Bedürfnissen und Gegebenheiten wie Schülerzahl und Größe des Lehrerkollegiums angepasst werden.

a) Krisenintervention beim Tod eines Schülers oder einer Lehrkraft

– Die Schulleitung wird über den Tod eines Schülers/einer Lehrkraft in Kenntnis gesetzt.
– Sofortige Weitergabe der Information an die Mitglieder des Krisenteams.
  • Entscheidung, wer noch informiert werden muss.
  • Entscheidung, ob Unterstützung von außen nötig ist (beim Tod einer Lehrkraft ist die Begleitung durch Fachleute von außen empfehlenswert).
  • Terminfestlegung für Krisenteamsitzung (Treffen entweder sofort oder am nächsten Schultag um 7.00 Uhr).
– Die Schulleitung und die Mitglieder des Krisenteams treffen sich im Direktorat. Nach einem kurzen Austausch und der Weitergabe neuer und gesicherter Informationen erfolgt die Klärung der Betroffenheit: Wer vom Team kann sich an der Intervention beteiligen und wer nicht?

Es folgt die konkrete Planung der weiteren Schritte:

  • *Kurze Lehrerkonferenz vor Unterrichtsbeginn:* Information an alle anwesenden Lehrkräfte, alle nicht anwesenden Lehrkräfte werden bei Eintreffen in der Schule am besten persönlich durch ein Teammitglied informiert.

- *Betreuung der betroffenen Klasse des Schülers/der Lehrkraft:* Der Lehrer der ersten Stunde bzw. der Klassenlehrer begleitet das Mitglied des Krisenteams in die Klasse.
- *Betreuung weiterer Klassen:* Klassen, die durch den Tod eines Schülers betroffen sind, weil sich ein Verwandter des Toten oder ein guter Freund in der Klasse befindet, müssen besonders berücksichtigt werden.
- *Betreuung von Lehrkräften:* Ein Mitglied des Krisenteams steht als Ansprechpartner für Lehrkräfte und Schulleitung im Lehrerzimmer zur Verfügung.
- *Betreuung von einzelnen Schülern:* Schüler, die nach dem Überbringen der Todesnachricht das Bedürfnis haben, sich zurückzuziehen oder mit jemandem zu reden, haben die Möglichkeit, in den Ruheraum begleitet zu werden, wo sich zwei Teammitglieder befinden.
- Offizielle Stellungnahme der Schulleitung.
Nachdem alle Schüler vom Tod des Schülers/der Lehrkraft erfahren haben, erfolgt noch vor der Pause die offizielle Stellungnahme des Schulleiters – entweder per Durchsage oder – an kleineren Schulen – persönlich.
Je nach Größe der Schule lädt der Schulleiter zu einer Versammlung der Schulgemeinschaft nach der Pause ein, wo eine kurze Gedenkfeier stattfindet. Eine längere, dann auch in Ruhe vorbereitete Gedenkfeier könnte am Folgetag stattfinden.
- Zweite Lehrerkonferenz in der Pause.
Nach einem Erfahrungsbericht der Lehrkräfte werden die restlichen Stunden geplant und die Betreuung einzelner Schüler besprochen. Der Ruheraum bleibt weiter offen.
- Dritte Lehrerkonferenz nach Unterrichtsschluss: Nach Beendigung des ersten Schultages kümmern sich die Mitglieder des Krisenteams um folgende Aufgaben:
  - Kontaktaufnahme mit Angehörigen
  - Miteinbeziehung des Elternbeirates
  - Pressearbeit (Stellungnahmen; Zeitungsanzeige)
  - Gestaltung der Gedenkfeier am nächsten Tag
  - Gestaltung einer Stellwand (Photo, Kerze, Kondolenzbuch)
  - Mitgestaltung der Beerdigung
  - Planung der nächsten Unterrichtstage
  - Gesprächsangebot für Lehrkräfte durch Teammitglieder

b) Krisenintervention beim Tod eines Elternteils

Der Tod eines nahen Angehörigen eines Schülers macht niemals die ganze Schulgemeinschaft betroffen, wohl aber die Schüler einzelner Klassen. Die Vorgehensweise einer Intervention entspricht zunächst den oben geschilderten Punkten eins bis drei. Danach wird wie folgt verfahren:

– Weitergabe der Nachricht in einer Kurzkonferenz vor Unterrichtsbeginn an alle den Schüler unterrichtenden Lehrkräfte.
– Entscheidung, wer die Betreuung der betroffenen Klasse und eventueller weiterer Klassen übernimmt.

– Bei Anwesenheit des Schülers:
  • Persönliches Gespräch vor Unterrichtsbeginn; Eingehen auf seine Bedürfnisse und gemeinsames Abklären der weiteren Schritte.
  • Thematisierung in der Klasse.
  • Angebot weiterer Unterstützung durch Mitschüler oder Lehrkräfte.

– Bei Abwesenheit des Schülers:
  • Informationsweitergabe an die Mitschüler.
  • Gesprächsimpulse:
    Was ist passiert? Wie wird es … ergehen? (Gefühle; eigene Erfahrungen).
    Wie können wir unterstützend tätig sein? (Briefe schreiben; Gebet).
    Wie reagieren wir, wenn … wieder da ist? (mögliche Verhaltensweisen benennen).
– Zweite Konferenz in der Pause.
  • Erfahrungsaustausch.
  • Weitere Planung der restlichen Stunden.
– Dritte Konferenz nach Unterrichtsschluss.
  • Kontaktaufnahme mit Angehörigen oder betroffenen Schülern (Besuch, Telefonat, Briefe).
  • Teilnahme der Klasse an der Beerdigung (Einverständnis der Eltern einholen).
  • Planung der nächsten Unterrichtstage.
  • Weitere Begleitung des Schülers.

c) Sonderfall: Krisenintervention bei Suizid

Der Ablauf einer Krisenintervention beim Suizidtot eines Schülers entspricht im Wesentlichen den oben genannten Punkten. Zusätzlich ist aber unbedingt Folgendes zu beachten:

Bei der Weitergabe von Informationen durch die Schulleitung muss bedacht werden, dass nur gesicherte Informationen benannt werden dürfen (Absprache mit Eltern und Polizei).

Besonderer Stellenwert kommt bei einem Suizidtot auch der Pressearbeit zu, denn der Suizid eines Jugendlichen löst häufig auch ein unangemessenes Echo in den Medien aus. Daher sollte von Seiten der Schule versucht werden, dieses Medieninteresse durch einen «Mediensprecher» zu kanalisieren.

Da bei Suizidtot immer auch Nachahmungsgefahr besteht, müssen die Verantwortlichen einer Schulgemeinschaft abwägen, ob überhaupt, und wenn ja, in welchem Rahmen eine Gedenkfeier stattfinden soll. Auf die Möglichkeit der Teilnahme an der Beerdigung sollte jedoch hingewiesen werden.

Alle Schüler, die von den Suizidabsichten des Verstorbenen wussten, sowie alle, die durch einen Suizidtot im Verwandten- oder Freundeskreis vorbelastet sind bzw. sogar eigenen Suizidversuch hinter sich haben, werden mittelfristig begleitet: «Das achtsame Ansprechen eines Kindes oder Jugendlichen, das/der in einer Krise steckt und Anzeichen einer möglichen suizidalen Entwicklung zeigt, ist nicht nur den Fachleuten vorbehalten, sondern muss auch die Aufgabe von Freunden, Familienangehörigen und Lehrer/inne/n sein. Die Angst, ein Ansprechen der Suizidalität könne erst recht eine Suizidhandlung auslösen, ist unbegründet.»[5]

2.3.3 Stabilisierung einer Schulklasse beim Tod eines Schülers

Der Tod eines Schülers trifft nicht nur seine Klassenkameraden, sondern auch das gesamte schulische Umfeld. Trotzdem sind es die Mitschüler des Verstorbenen, die sich in besonderer Weise mit der Tatsache auseinanderzusetzen haben, dass ein Platz in ihrer Klasse nun leer bleibt. Daher ist das Gespräch in und mit der betroffenen Klasse ein wesentliches Element der Trauerarbeit. Lehrer und Lehrerinnen, die sich dem aussetzen, sollten sich zum einen im Vorfeld Gedanken gemacht haben, wie und womit sie arbeiten wollen, zum anderen sollten sie sich aber auch ins Bewusstsein rufen, dass sie Mitbetroffene sind. Das ist eine schmale Gratwanderung: Sie stellen sich der Situation, aber nicht als Held, sondern als jemand, der «einfach da ist», der mitgeht und begleitet, redet und schweigt, aushält und nicht versteht – und somit den Rahmen für ein Gespräch über den Verstorbenen bietet.

---

5 *Langer*, Krisenintervention 8.

Vor Betreten des Klassenzimmers

Die hier vorgestellte Vorgehensweise ist eine sehr persönliche. Mit Hilfe dieses Rohgerüsts wird jede Lehrkraft die eigenen Akzente wohl unterschiedlich setzen. Dem Leser sei hiermit mein eigener innerer roter Faden an die Hand gegeben.

Im Vorfeld verschaffe ich mir, falls ich die Klasse nicht kenne, alle nötigen Informationen über die Schüler, sowie über etwaige frühere Todesfälle in Familien, und entscheide, welche zusätzliche Lehrkraft ich an meiner Seite haben möchte. Ich überlege mir, wie viel Zeit ich habe und welche Materialien ich brauche. Bevor ich das Klassenzimmer betrete, schaue ich auf mich, atme bewusst durch, denke an Menschen, die mir Halt geben, esse oder trinke ich noch etwas, spreche ein kurzes Gebet und sage mir: «Ich mache es so gut, wie ich kann!» Ferner versichere ich mich noch einmal meiner Rolle und meiner Ziele:

- Informieren: Ich sage, was geschehen ist.
- Stabilisieren: Ich sorge für Klarheit und Sicherheit.
- Ermöglichen: Ich biete Raum für Erinnerungen und Trauer.
- Motivieren: Ich unterstütze, um aus der Lähmung heraus ins Handeln zu kommen.

Arbeit in und mit der Klasse

Gleich zu Beginn und ohne längere Hinführung sage ich, was geschehen ist – direkt und in kurzen Sätzen. Erste Reaktionen nehme ich bewusst wahr und biete der Klasse an, die folgende Stunde über den Verstorbenen zu sprechen. Ich bitte die Schüler, sich in den Stuhlkreis zu setzen, und gestalte die Mitte.

Zu Beginn des Gesprächs nehme ich noch einmal meine eigene Befindlichkeit wahr und teile sie den Schülern mit. Ich weise darauf hin, dass jeder die Freiheit hat, etwas zu sagen oder nicht, und dass jede emotionale Reaktion heute «normal» ist: «Es braucht hier und heute keine Helden!»

Falls die Schüler bereits vom Tod ihres Mitschülers wussten, bitte ich sie zu *erzählen*, von wem sie was genau erfahren haben und ob es Dinge gibt, die klarzustellen sind. Nun lade ich zu einer Erinnerungsrunde ein: «Was fällt mir zu … ein? Meine letzte Begegnung mit ihm. Ein Erlebnis vor längerer Zeit.» Durch das Erzählen von traurigen, aber auch frohen Erlebnissen bekommt der Verstorbene einen Platz.

In einem weiteren Schritt sollen die Schüler *ins Handeln kommen*. Rituale jeglicher Art sind hier denkbar, je nach Alter der Schüler:

- Ein Licht entzünden und einen Wunsch aussprechen für ...
- Den Platz im Klassenzimmer gestalten
- Einen Brief an ihn/an die Eltern schreiben
- Blumen pflanzen
- Eine Lebenskerze gestalten
- Einen Klagepsalm schreiben
- Eine Erinnerungswand gestalten

Weitere mögliche Aktionen:

- Gespräch über die Teilnahme und Mitgestaltung der Beerdigung
- Idee eines «Abschiedsgeschenks», das auf das Grab gelegt wird
- Gestaltung einer Trauerfeier in der Schule
- Gang zur Unfallstelle bzw. zum Friedhof

Den Abschluss der Einheit kann ein Gebet, ein Text oder einfach ein stilles Gedenken bilden. Bevor ich mich verabschiede, mache ich das Angebot, als Gesprächspartner zur Verfügung zu stehen. Ich ermuntere die Schüler, uns Lehrern ein Zeichen zu geben, wenn sie Unterstützung brauchen. Von großer Bedeutung ist die Gestaltung der folgenden Stunden und Tage: Behutsam und aufmerksam hinzuschauen, Gespräche anzubieten, passende Rituale zu finden und präsent zu bleiben, darauf wird es ankommen.

3 Die Zeit danach: Erinnern ermöglichen

3.1 Gottesdienstliche Feier

Neben dem persönlichen Gespräch mit Schülern in der Klasse kann beim Tod eines Schülers oder einer Lehrkraft auch eine zentrale Gedenkfeier abgehalten werden. Den örtlichen Gegebenheiten entsprechend findet diese in der Aula, in der Turnhalle oder in einer nahe liegenden Kirche statt. Im Vorfeld wird dabei bedacht, wie viele Menschen zusammenkommen, welcher Religion sie angehören, wie der Raum zu gestalten ist, wie lange die Feier dauern (Bestuhlung?) und welche Elemente sie beinhalten soll.

Folgender Ablauf wäre denkbar:

- Begrüßung und einleitende Worte: Nennung des Anlasses der Zusammenkunft

- Musik
- Gebet für den Verstorbenen, die Angehörigen und Freunde: Der Name wird genannt, eine Kerze entzündet, die Kirchenglocke geläutet (Stille)
- Biblischer Text
- Kurze Ansprache des Schulleiters oder einer (Religions-)Lehrkraft: Dabei werden neben den unterschiedlichen Gefühlen und Reaktionen der Schulgemeinschaft sowohl die Unbegreiflichkeit des Todes als auch der christliche Hoffnungsgedanke benannt
- Fürbitten: Zu jeder Bitte wird eine Kerze entzündet bzw. ein Weihrauchkorn auf eine Kohle gelegt
- Gemeinsames Gebet
- Segenswunsch/Segen
- Musik

Nach der gottesdienstlichen Feier werden die Schüler von der Lehrkraft ins Klassenzimmer begleitet. Bei der Gestaltung der nächsten Unterrichtsstunde muss die Lehrkraft bedenken, dass zum einen das in der Feier Erlebte nachwirken wird, zum anderen die Schüler aber auch ein großes Bedürfnis nach «Normalität» und «Alltag» verspüren.

3.2   Dem Verstorbenen einen Platz geben

Die Reaktionen der Schüler in den Tagen und Wochen nach dem Ereignis werden sehr unterschiedlich sein. Lehrkräfte müssen darum wissen und daher verschiedene Formen der Trauerbewältigung anbieten. Während Paul immer wieder Gesprächsbedarf signalisiert, schreibt Lisa ihre Gedanken auf und heftet sie an die Pinnwand, die zur Erinnerung an den verstorbenen Klaus in der Klasse aufgestellt wurde. Alle Rituale, die Erinnern ermöglichen und kanalisieren, verhelfen Schülern und Lehrern zu einem gelingenden Trauerprozess: eine wöchentliche Gedenkminute, die Gestaltung des Platzes des Verstorbenen, das Weitergeben eines Erinnerungsbuches, das Sammeln von Fotos von gemeinsamen Erlebnissen. Mit Gespür und Einfühlungsvermögen wird die Lehrkraft wahrnehmen, wann die Zeit reif ist für einen Gang zum Unfallort oder zum Friedhof. Sie wird den richtigen Schüler bitten, einen Nachruf für die Schülerzeitschrift zu verfassen. Sie wird also einerseits mit den Schülern immer wieder ins Gespräch über das Erlebte kommen, andererseits aber auch merken, wann es gut ist, sich der Normalität des Alltags wieder anzunähern:

«Von der Konfrontation zur Rekonstruktion hin zur Kreation, um eine Integration im Alltag zu ermöglichen – so könnte der Weg der Krisenseelsorge im Schulbereich schlagwortartig zusammengefasst werden.»[6]

Literatur

Englbrecht, Arthur/Storath, Roland: In Krisen helfen, Berlin 2005.

Langer, Jürgen: Krisenintervention nach dem Suizidtod von Schüler/inne/n. In: «Wenn der Notfall eintritt», a. a. O., 6. Kapitel, 4–9.

Müller-Cyran, Andreas: Notfall – Trauma – Krise. In: «Wenn der Notfall eintritt», a. a. O., 2. Kapitel, 1–8.

Schwibach, Dieter: Wenn das Unfassbare geschehen ist. Interventionsmöglichkeiten an Schulen nach besonders belastenden Ereignissen. In: rhs 49 (2006) 186–190.

«Wenn der Notfall eintritt». Handbuch für den Umgang mit Tod und anderen Krisen in der Schule. Herausgegeben von der Evangelisch-Lutherischen Kirche in Bayern und dem Katholischen Schulkommissariat in Bayern, München 2006.

---

6   *Schwibach,* Unfassbare 190.

«Wenn Ehen zerbrechen...»

Manfred Belok

Seelsorgerinnen und Seelsorger sind im Pfarreialltag auf vielfältige Weise mit Trennung und Scheidung konfrontiert. Denn auch Ehen von Gemeindemitgliedern, selbst von engagierten Christinnen und Christen, zerbrechen. In der Pfarrei, im Kindergarten, in Schule und Jugendarbeit und in der Sakramentenkatechese besteht in der Regel Kontakt sowohl zu einem der geschiedenen Partner – sei sie/er allein (und alleinerziehend) oder wiederverheiratet – als auch zu Kindern und Jugendlichen, die von Trennung und Scheidung betroffen sind. Geprägt ist dieser Kontakt aber zumeist von Unsicherheit und Verlegenheit auf allen Seiten.

Im Folgenden sollen: 1. die pastorale Herausforderung an Seelsorgerinnen und Seelsorger angesichts der Wirklichkeit von Trennung, Scheidung und Wiederheirat formuliert und 2. der pastorale Grundauftrag der Kirche erinnert werden. Sodann sollen 3. die wichtigsten Trennungs- und Scheidungsgründe aus psychologischer Sicht benannt und 4. nach pastoralen Handlungsmöglichkeiten gefragt werden, damit sich diejenigen, deren Ehe zerbricht und die sich nach einer bewältigten Trennung neu orientieren, in ihrer Realität «nicht als von der Kirche getrennt»[1] erfahren (müssen).

1 Die pastorale Herausforderung der Seelsorger und Seelsorgerinnen

Zum Personenkreis, der von Trennung und Scheidung eines Paares betroffen ist, gehören die eigenen Kinder, die Herkunftsfamilien (Eltern, Geschwister ...), die Freunde und Bekannten des Paares (Nachbarschaft, berufliches Umfeld) und nicht zuletzt auch die Menschen in der Pfarrei, die beide bisher als ein Paar wahrgenommen haben – alle sind zutiefst in ihrem Verhalten ver-

---

1 *Johannes Paul II.,* «Familiaris Consortio» Nr. 85.

unsichert, wie sie der/dem Einzelnen nun begegnen sollen, ohne für oder gegen einen von beiden Partei ergreifen zu müssen. Alle reagieren auf ihre Weise auf die Scheidung – und können die Situation dabei erschweren oder mithelfen, dass die direkt Betroffenen einen Weg finden, das Erlebte zu verarbeiten und einen neuen Anfang zu finden.

Seelsorgerinnen und Seelsorger stehen hierbei vor einer dreifachen Herausforderung:

Bezeugen: «Gott liebt jeden Menschen vor aller Leistung und sogar trotz aller Schuld...»

Zum einen möchten sie von ihrem pastoralen Grundauftrag her denen, die von Trennung und Scheidung unmittelbar betroffen sind, in ihrer als fundamental erlebten Lebenskrise nahe sein und darin die Solidarität Gottes mit den Menschen und sein unbedingtes Ja zu jeder und jedem Einzelnen erfahrbar machen – spricht doch die kirchliche Verkündigung in Bezugnahme auf die Theologie des Römerbriefes ausdrücklich von Gott als dem, der jeden Menschen liebt, und zwar vor aller Leistung und sogar in bzw. trotz aller Schuld.

Erinnern: «Die Ehe ist ein unauflösliches Sakrament...»

Zugleich müssen Seelsorgerinnen und Seelsorger im Gespräch mit den Beteiligten aber auch das theologische Grundverständnis von Ehe als Sakrament, und darin besonders das Unauflöslichkeitsgebot, erinnern. Dies wiederum wird zumeist gerade dann als schmerzlich erlebt, wenn ein/e Geschiedene/r sich mit einer/einem anderen Partner/in bereits standesamtlich neu verbunden hat und nun auch erneut kirchlich heiraten will. So agieren Seelsorgerinnen und Seelsorger in einer doppelten Spannung: Einerseits im Wissen, dass das kirchliche Lehramt die Betroffenen, gemessen an der kirchlichen Ehe-Norm, im Zustand der andauernden Sünde sieht, der eine volle eucharistische Gemeinschaft, einschließlich des Kommunionempfangs, ausschließt. Und andererseits im Bewusstsein darum, dass die Geschiedenen und zivilrechtlich Wiederverheirateten auf eine Praxis hoffen, in der die helfende, heilende und zum Neuanfang ermutigende Haltung Jesu zum Tragen kommt.[2]

---

2   Zur Frage, wie in der Katholischen Kirche jeweils Lehramt, Hirtenamt und Theologie die Möglichkeit zur auch weiterhin vollen eucharistischen Gemeinschaft Geschiedener und wiederverheiratet Geschiedener, einschließlich des Kommunionempfangs, beurteilen, siehe: *Belok,* Geschieden und wiederverheiratet.

Wahrnehmen: «nüchtern und wachsam...» (1 Petr 5,8)

Die dritte Herausforderung für Seelsorgerinnen und Seelsorger besteht vor allem darin, dass sie den Wandel der gesellschaftlichen Realität und ihrer Rahmenbedingungen wahr- und ernst nehmen müssen, in denen Menschen auf der Suche nach ihrem persönlichen Glück,[3] jede und jeder auf eigenes Risiko, «das ganz normale Chaos der Liebe»[4] durchleben, gestalten und auch durchleiden. Nur mit einer Offenheit und Fähigkeit zur Wahrnehmung sowohl für die Veränderungen im Verhältnis von Frau und Mann in einer individualisierten Gesellschaft als auch für die entwicklungspsychologischen Gesetzmäßigkeiten in einer Paarbeziehung werden Seelsorgerinnen und Seelsorger Menschen, deren Ehe zerbrochen ist, helfen können,

(1) die je eigenen Anteile am Zerbrechen der Beziehung zu erkennen,
(2) die guten, aufbauenden und tragenden Phasen in der gemeinsamen Ehe-Zeit zu würdigen sowie
(3) die zerstörerischen Phasen aufzuarbeiten und
(4) sich versöhnt voneinander zu verabschieden und einander freizugeben.

Diese vier Schritte sind die Voraussetzung dafür, um – ob in Zukunft ehelos oder in einer neuen Verbindung – neu beziehungsfähig zu werden, denn auch ein eheloses Leben kann nie ein beziehungsloses Leben sein.

Es geht also für Seelsorgerinnen und Seelsorger darum, unter Verzicht auf undifferenzierte Appelle zur ehelichen Treue und unter Verzicht auf voreilige Schuldzuweisungen die Not der betroffenen Menschen zu sehen und das Phänomen Trennung und Scheidung sowie Wiederheirat von Geschiedenen in einem größeren Zusammenhang aus soziologischer, psychologischer und theologischer Sicht wahrzunehmen. Auf dieser Basis gilt es dann, Perspektiven für den Umgang mit den von Trennung, Scheidung und Wiederheirat unmittelbar Betroffenen sowie für den Umgang der Gemeinde mit ihnen zu entwickeln.

Hierbei könnten Pfarreien zu Kooperationspartnern für die Mitarbeiterinnen und Mitarbeiter in den Psychologischen Beratungsstellen im jeweiligen Bistum werden. Für letztere gehört der Umgang mit der Thematik zur täglichen Arbeit. Hier kommen die Auswirkungen von Trennung und Scheidung, die als komplexes Lebensereignis die gesamte Existenz berühren – materielle Sicherung, Beziehungen zu Kindern, Verwandten und Freunden, Fragen nach

---

3   Vgl. *Belok,* «Auf der Suche nach dem Glück...».
4   Vgl. *Beck/Gernsheim,* Das ganz normale Chaos der Liebe.

den eigenen Perspektiven –, sowohl für das betroffene Paar als auch für Kinder und Jugendliche zur Sprache, und es gilt, im Sinne der Schadensminderung Konfliktlösungsstrategien zu erarbeiten. Kooperationsprozesse zwischen Seelsorgerinnen und Seelsorgern, Ehe-, Familien- und Lebensberatungsstellen sowie den Pfarreien zu initiieren, wäre daher ein wichtiges Ziel der Seelsorge.

Die angesprochene Notwendigkeit, das Phänomen Trennung und Scheidung sowie Wiederheirat von Geschiedenen in einem größeren Zusammenhang aus soziologischer, psychologischer und theologischer Sicht wahrzunehmen und zu thematisieren, kann im Rahmen dieses Artikels – allein aus Platzgründen – leider nicht erfolgen.[5] Hier sollen jedoch zumindest der pastorale Grundauftrag der Kirche erinnert und pastorale Handlungsmöglichkeiten aufgezeigt werden.

2 Der pastorale Grundauftrag der Kirche – Anwalt des Menschen «in Freude und Hoffnung, Trauer und Angst»

Das Zweite Vatikanische Konzil (1963–1965) hat neu ins Bewusstsein gehoben, wofür es Kirche gibt; global und lokal will sie vor allem eines sein: Zeichen der Gegenwart Gottes mitten in unserer Welt. In der Pastoralkonstitution *Gaudium et spes* über «die Kirche in der Welt von heute», einem der grundlegenden Dokumente des Zweiten Vatikanums, formuliert das Konzil als konstitutives Kriterium für die kirchliche Identität ihr Sich-Einlassen (Wollen und Können) auf die Menschen der jeweiligen Gegenwart:

> «Freude und Hoffnung, Trauer und Angst der Menschen von heute, besonders der Armen und Bedrängten aller Art, sind auch Freude und Hoffnung, Trauer und Angst der Jünger [und Jüngerinnen] Christi. Und es gibt nichts wahrhaft Menschliches, das nicht in ihren Herzen seinen Widerhall fände. Ist doch ihre eigene Gemeinschaft aus Menschen gebildet, die, in Christus geeint, vom Heiligen Geist auf ihrer Pilgerschaft zum Reich des Vaters geleitet werden und eine Heilsbotschaft empfangen haben, die allen auszurichten ist. Darum erfährt diese Gemeinschaft sich mit der Menschheit und ihrer Geschichte wirklich engstens verbunden»[6] (GS 1).

---

5 Der Verfasser beabsichtigt daher, dies in einer eigenen Publikation zu tun.
6 Vgl. dazu *Belok*, Pastoralkonstitution.

Kirche als Grundsakrament der Nähe Gottes

Wenn es stimmt, dass Menschen vor allem in der Frage glückender und nicht geglückter Beziehungen Sinn bzw. Sinnlosigkeit erfahren, *Heils- oder Unheilserfahrungen* machen, dann ist es für eine *Kirche*, die *Grundsakrament der Nähe Gottes* sein soll und sein will, geradezu zwingend, den Menschen mit ihren Hoffnungen und dem, was diese Hoffnungen bedroht, beizustehen. So stellen sich Fragen: Welche Pastoral ist hier hilfreich? Gerade auch angesichts der Erfahrung des Zerbrechens und des Scheiterns? Darf es Scheitern und Neuanfang in einer «Kirche der Sünder und Sünderinnen» geben – auch das Scheitern einer Ehe und den Neuanfang in einer anderen Ehe? Dürfen wir überhaupt von einer «Kirche der Sünder und Sünderinnen» sprechen, wenn wir letztlich nur «Heilige» erwarten (die wir ja auch sind: weil wir Gemeinschaft am Heiligen haben, communio sanctorum)? Ist Gott im Scheitern nicht gegenwärtig? Zeigt sich die theologische Chiffre «Erbsünde» nicht gerade in der erbsündlichen Gebrochenheit des Menschen, d. h. darin, dass wir Menschen in unserem Bemühen, einander zu lieben, gut zu sein, vergebungsfähig zu sein, zu Neuanfängen bereit zu sein usw., gebrochen sind? Ist uns eine Theologie des Scheiterns, der Versöhnung und des Neuanfangs nicht weitgehend abhanden gekommen? Und wirkt sich das nicht auch im Umgang mit dem Zerbrechen und dem Scheitern einer Ehe aus?

Pastorale attentio, nicht: pastorales Attentat

Mich jedenfalls motiviert es zu einer *pastoralen attentio*, zu einer pastoralen Aufmerksamkeit, die fragt, wie eine Theologie des Scheiterns, der Versöhnung, des versöhnten Abschieds und der versöhnten Freigabe und des Neuanfangs Menschen helfen kann, das «geknickte Rohr» nicht zu brechen und zu neuem Leben zu ermutigen.[7] Es verbietet sich somit jede Versuchung zu «pastoralen Attentaten» im Sinne einer Bevormundung, die alles ohnehin schon besser wusste und weiß. Es bedarf vielmehr einer Dialogbereitschaft und -fähigkeit, die zum einen von und mit den Menschen selbst lernen will, wie mit den Brüchen des Lebens menschenwürdig und evangeliumsgemäß, situationsgerecht und zukunftsorientiert umgegangen werden kann. Und die zum anderen eine Sensibilität dafür entwickelt, wie in dieses Gespräch das christlich-kirchlich vermittelte Lebenswissen um den Umgang mit den elementaren Lebenswünschen in diakonischer Intention als Lebenshilfe eingebracht werden kann.

---

7 Siehe hierzu *Jellouschek,* Wie Partnerschaft gelingt.

Es geht also darum, von den Menschen selbst, vom Reichtum ihrer schmerzlich erworbenen Lernerfahrung lernen zu wollen[8] und ihnen aus dem christlich-kirchlich vermittelten Lebenswissen Mut zu einem von Gott geschenkten neuen Anfang zu machen.

3 Die wichtigsten Trennungs- und Scheidungsgründe

Wer die elementaren Wünsche nach einer intensiven Lebens- und Liebesgemeinschaft in Partnerschaft und Ehe leben – und Menschen darin begleiten und unterstützen – will, darf die Risikofaktoren, die das Lebensprojekt Partnerschaft und Ehe bedrohen, nicht übersehen, sondern muss sich ihrer vielmehr nüchtern bewusst sein. Sie liegen sowohl in den sozio-kulturellen Bedingungen der Gegenwart und in den darin heute wirksamen Vorstellungen und Leitbildern[9] von geglückten Beziehungen als auch in den individuell-persönlichen Voraussetzungen der Lebenspartner. So groß der Wunsch nach einer glückenden Beziehung in Partnerschaft und Ehe auch ist, die soziokulturellen Risikofaktoren und ihre Auswirkungen auf die einzelnen Lebens- und Beziehungsformen dürfen nicht verharmlost werden. Partnerschaft und Ehe [und Familie] werden zunehmend als unkalkulierbares Risiko angesehen, auf die sich einzulassen nicht leicht fällt. Sie sind heute geradezu zu einem Hochrisiko-Lebensmodell geworden, das viele Menschen überfordert. Ihr Scheitern ist tagtäglich mitzuverfolgen, die Realität spiegelt sich in nüchternen statistischen Zahlen, meist aber auch im unmittelbaren Freundes- und Bekanntenkreis, wenn nicht gar hautnah in der eigenen Partnerschaft und Ehe.

Untersucht die soziologische Forschung die Rolle der gesellschaftlichen Einflüsse, die soziodemographischen und soziokulturellen Bedingungen, steht für die psychologische Forschung die Frage im Mittelpunkt, wie verschiedene psychologische Variablen, wie z. B. Persönlichkeitsmerkmale, Abhängigkeiten in der Paarbeziehung, Bedürfnisse, Ähnlichkeiten und Unterschiede zwischen den Partnern sowie kommunikative Kompetenzen mit der Qualität und dem Verlauf von Paarbeziehungen zusammenhängen.

---

8   Vgl. *Emeis,* Wenn die Kirche von den Menschen lernt.
9   Vgl. *Baumann,* Utopie Partnerschaft.

3.1 Ein Plural an Trennungs- und Scheidungsgründen

Die Ergebnisse einer von Guy Bodenmann, Psychologe und Leiter des Instituts für Familienforschung in Fribourg, durchgeführten Studie aus dem Jahre 2001[10] führen als wichtigste Trennungs- und Scheidungsgründe an:

(1) eine unterschiedliche Entwicklung der beiden Partner,
(2) deren mangelnde Kompetenzen für die Führung einer zufriedenstellenden Partnerschaft,
(3) enttäuschte Erwartungen.

Als trennungs- und scheidungserleichternd wurden eine unbefriedigende Sexualität und mangelnde Übereinstimmung gesehen. Viele Ehepartner stellen *zu hohe und letztlich unerfüllbare Erwartungen* an die Ehe und an ihre/n Partner/in. Er/sie soll Liebhaber/in, beste/r Freund/in, Gesprächspartner/in, Beschützer/in sein, alle Bedürfnisse befriedigen, glücklich und zufrieden machen, für eine unglückliche Kindheit entschädigen usw. Viele dieser unbewussten Erwartungen sind neurotischer Natur und rühren von frühkindlichen Erfahrungen her. In vielen Ehen werden aber auch realistische Rollenerwartungen nicht erfüllt: Zu geringe Beteiligung der Ehemänner an der Haus- und Erziehungsarbeit, Versagen als Gesprächs-, Freizeit- oder Sexualpartner/in.

Häufig tragen *finanzielle oder berufsbezogene Probleme* zur Verschlechterung der Ehebeziehung und schließlich zu Trennung und Scheidung bei. Viele Konflikte mit der Partnerin/dem Partner vor der Trennung drehen sich z. B. um das Geld, das dem Einzelnen zur Verfügung steht, die eigenen Arbeitszeiten oder die der Partnerin/des Partners, die beruflich bedingte Abwesenheit von zu Hause, die Art des eigenen Berufs oder desjenigen des Ehepartners sowie die eigenen Kollegen oder diejenigen des Partners. Viele gehen zudem in ihrem Beruf auf und vernachlässigen ihre Familie.

Ein anderer Grund für konflikthafte Situationen in Ehen ist die *Karriereorientierung*, also wenn beide Partner in ihrem jeweiligen Beruf Karriere machen wollen. Dann haben sie oft nur noch wenig Zeit füreinander, reagieren aufgrund der beruflichen Anspannungen zunehmend ungeduldig und gereizt und geraten leicht in Konkurrenz zueinander. Der Ehebeziehung und der eigenen Selbstverwirklichung werden keine größere Bedeutung zugesprochen.

In vielen Fällen verursachen auch *unterschiedliche Werte und Ziele* Probleme, wenn die Ehepartner z. B. ihre Geschlechterrollen auf unvereinbare Weise

---

10 Vgl. *Bodenmann*, Risikofaktoren.

definieren und ausgestalten. Strebt etwa eine Frau nach Gleichberechtigung und einer gerechten Aufteilung der Hausarbeit, während der Mann auf einer patriarchalen und traditionellen Familienstruktur beharrt, kommt es zu Machtkämpfen und Unzufriedenheit mit der Ehebeziehung. Wird von einem Partner/einer Partnerin das Lebensziel der Individuation und Selbstverwirklichung überbetont, so mag sie/er leicht die eigenen Interessen, Bedürfnisse und Wünsche ohne Rücksicht auf die Einbeziehung oder sogar auf Kosten des Partners/der Partnerin zu realisieren versuchen. Fühlt eine/r sich im eigenen Streben nach Glück, Erfüllung und Befriedigung blockiert, ist die Versuchung groß, die Ehe zu verlassen. Des Weiteren kann es zur Verschlechterung der Ehebeziehung kommen, wenn sich die Partner auseinander entwickeln und *verschiedene Lebensstile* ausbilden.

Andere Ursachen für die abnehmende Ehezufriedenheit können neurotische Verhaltensweisen und Persönlichkeitsstörungen des Ehepartners/der Ehepartnerin, Mangel an Kommunikation (vor allem über Gefühle) und Kommunikationsstörungen, unzureichende Befriedigung emotionaler Bedürfnisse (zu wenig positive Verstärkung), zu große Nähe (Symbiose), die Einmischung von Verwandten in die Ehebeziehung oder die Unzufriedenheit mit der eigenen Lebenssituation (z. B. Hausfrauen-Syndrom), mit dem Lebensstil oder mit den sozialen Kontakten sein. In der Regel wird der Ehepartner/die Ehepartnerin für die Abnahme der Ehequalität verantwortlich gemacht. Zumeist sehen Männer die Partnerbeziehung weniger negativ als Frauen und sind sich der Probleme weniger bewusst.

3.2 Die beiden Hauptrisikofaktoren – «Kommunikationsdefizite» und «Stress»

Nach Auskunft der psychologischen Scheidungsforschung kristallisieren sich vor allem zwei Hauptrisikofaktoren für eine Partnerschaft heraus: Zum einen sind das *Kommunikationsdefizite* und zum andern der Umgang mit *Stress*. Beide hängen eng zusammen.

1. *Mangelnde Kommunikationskompetenz und Konfliktfähigkeit*. In verschiedenen Längsschnittstudien zu subjektiven Scheidungsgründen gaben 73 % der Frauen Kompetenzdefizite hinsichtlich der Kommunikationsfähigkeit des Partners als scheidungsrelevant oder ausschlaggebend für die Scheidung an. Kompetenzdefizite als Paar wurden von 61 % der Frauen und von 36 % der

Männer als sehr relevant und ausschlaggebend für die Scheidung angesehen. Eigene Kompetenzdefizite wurden von 38 % der Frauen als zutreffend oder sehr zutreffend angegeben und von 32 % der Männer.[11]

Die Kommunikationshäufigkeit wie auch deren Qualität ist die relevanteste Variable für die Stabilität einer Beziehung. Gelungene Kommunikation in der Paarbeziehung, d. h. eine gelingende paarspezifische Kommunikation erhöht die Partnerschaftszufriedenheit. Innerhalb einer dysfunktionalen, also nicht gelingenden Kommunikation sind insbesondere destruktive Kritik, verächtliche Kommunikation, Defensivität, provokative Kommunikation und Rückzug die Hauptindikatoren für die Auflösung einer Partnerschaft.

Konflikte sind in jeder Lebens- und Liebespartnerschaft unvermeidlich, weil unterschiedliche Interessen unterschiedlicher Individuen miteinander ausgehandelt werden müssen. Ist eine wertschätzende und respektvolle Haltung vorhanden und zudem eine Konflikt- und Streitkultur erlernt, ein faires Streiten eingeübt, so kann die Beziehung wachsen («Streiten verbindet»). Dies setzt allerdings voraus, dass die Entfremdung nicht bereits zu große Ausmaße angenommen hat, denn sonst sind keine regenerativen Kräfte mehr vorhanden. Ein Hinweis auf diese regenerative Kraft des Menschen trotz aller Krisen ist die Tatsache, dass nach dem Scheitern von Beziehungen (häufig) wieder neue Beziehungen angeknüpft werden.

2. *Stress und der Umgang mit Stress.* Der zweite Hauptrisikofaktor ist die Rolle von Stress und die Bewältigung desselben. Entscheidend ist dabei der subjektiv erlebte Stress, nicht die objektiven Indikatoren für Stress.

Forschungen von Guy Bodenmann vom Institut für Familienforschung in Fribourg haben, wie bereits gesagt, gezeigt, dass nicht in erster Linie Persönlichkeitsmerkmale wie sozialer Status, Intelligenz oder Attraktivität über Glück oder Unglück einer Beziehung entscheiden, sondern dass Stress, Zeit- und Leistungsdruck ganz wichtige Faktoren sind – und wie Paare im Alltag damit umgehen können.[12] Stress im Alltag und der gelingende oder misslingende Umgang mit Stress spielt eine weitaus bedeutendere Rolle, als bisher angenommen wurde. Paare, die ein hohes Maß an erlebtem Alltagsstress angaben, zeichnen einen signifikant negativeren Partnerschaftsverlauf und ein deutlich erhöhtes Scheidungsrisiko. Dabei erweisen sich insbesondere alltägli-

---

11 Vgl. ebd.

12 Siehe hierzu: *Bodenmann,* Stress und Partnerschaft; *ders.,* Stress und Coping bei Paaren; *ders.,* Beziehungskrisen.

che Widrigkeiten und Freizeitstress (Termindruck in der Freizeit, unbefriedigende Freizeitgestaltung) als entscheidend, da dadurch gemeinsame Erfahrungen des Paares und die Regeneration jedes einzelnen eingeschränkt sind. Dies wird auch aus subjektiver Sicht vielfach als Grund für die letztliche Auflösung der Partnerschaft angegeben. Gelingende Stressbewältigung gilt deshalb als Hauptindikator für eine höhere Partnerschaftszufriedenheit und für einen günstigen Verlauf der Paarbeziehung.[13]

Sozialer Stress wird so definiert, dass mehrere Personen vom gleichen Stressereignis betroffen sind und dieses in gemeinsamen und koordinierten Bemühungen zu bewältigen (*Coping*) suchen. Sozialer Stress kann sich dabei auf außerhalb der Partnerschaft liegende Ereignisse und Umstände (kritische Lebensereignisse, Arbeitsplatzwechsel oder -verlust, etc.) als auch auf innerhalb der Partnerschaft liegende (dyadischer Stress) beziehen. Es können ein oder beide Partner davon betroffen sein. Stress führt zu einer Schwächung des Gleichgewichtes in der Paarbeziehung, wenn die individuellen und/oder gemeinsamen Ressourcen nicht ausreichen, die internen oder externen Anforderungen an jeden Einzelnen bzw. das Paar angemessen zu bewältigen. Stress ist ein Beziehungskiller, weil er die Partnerschaftszufriedenheit beeinträchtigt und damit die Scheidungswahrscheinlichkeit ansteigen lässt. Stress schadet der Kommunikation. Paare kommunizieren in Stresssituationen gereizt, gehässig oder verweigern die Kommunikation ganz. Beides, negative wie fehlende Kommunikation, untergraben letztlich das Fundament einer Partnerschaft. Hinzu kommt, dass Leistungsdruck in der Arbeit auch die Gewichtung der Beziehung verringert: Eine Sitzung z. B. wird plötzlich wichtiger eingestuft als die gemeinsame Zeit mit der Partnerin/dem Partner.

Die *Stress-Scheidungstheorie* nach Guy Bodenmann[14] geht davon aus, dass Stress über *vier Wirkmechanismen* die Partnerschaftsqualität unterminiert und das Scheidungsrisiko erhöht:

(1) über die Einschränkung der miteinander verbrachten Zeit,
(2) über eine Verschlechterung der Kommunikation des Paares,
(3) über negative Auswirkungen stressbedingter gesundheitlicher Beeinträchtigungen und
(4) über eine Freilegung problematischer Persönlichkeitsmerkmale unter Stress.

---

13 Siehe hierzu auch: *Jellouschek*, Wie Partnerschaft gelingt.
14 Vgl. *Bodenmann/Cina*, Stress und Coping; *Bodenmann*, Bedeutung von Stress.

Stress schädigt das «Wir-Gefühl» des Paares insofern, dass aufgrund von Stress (z. B. Überarbeitung im Beruf, Investition von Freizeit in den Beruf) die gemeinsame Zeit des Paares reduziert wird, der emotionale Austausch eingeschränkt wird und damit längerfristig Vertrautheit und Intimität/Sexualität Schaden nehmen. Es konnte gezeigt werden, dass unter Stress die Qualität der Kommunikation um 40 % abnimmt, wodurch die partnerschaftliche Kommunikation einen markanten Einbruch erfährt. Die Kommunikation wird negativer gefärbt, führt zu einem stärkeren Egozentrismus und damit einhergehend zu einer erhöhten Tendenz zum Rückzug und zu sozialer Zurückweisung des Partners/der Partnerin. Rückzug bildet einen zweiten wichtigen Risikofaktor für eine Partnerschaft und erhöht das Scheidungsrisiko. Stressbedingte Gesundheitsbeeinträchtigungen können längerfristig die Partnerschaft stören, da sie zu Einschränkungen im (gemeinsamen) Leben der Partner führen, z. B. durch die Reduktion von gemeinsamen sportlichen, kulturellen oder sexuellen Aktivitäten. Ein letzter Einfluss von Stress liegt darin, dass es unter Stress schwerer fällt, problematische Persönlichkeitseigenschaften zu verbergen. So können Persönlichkeitsmerkmale wie Intoleranz, Ängstlichkeit, Rigidität, Dominanz deutlicher sichtbar werden und für die Partnerin/den Partner in dieser Ausprägung überraschend sein.

Je besser beide Partner Stress bewältigen, desto günstiger ist die Entwicklung der Paarbeziehung und desto geringer ist das Scheidungsrisiko.

4 Pastorale Handlungsperspektiven

Leitperspektive für das pastorale Handeln im Umgang mit Menschen in Trennungs- und Scheidungssituationen kann nicht der Gedanke der Anpassung an die Maßstäbe einer säkularisierten liberalen Gesellschaft sein, sondern allein der Wille, das pastorale Handeln auszurichten an den Kriterien:

(1) *evangeliumsgemäß*
  (= im Sinne Jesu, seines Evangeliums: Wie würde Jesus handeln?)
(2) *menschendienlich*
  (= hilft es Menschen, zu einem qualitativen Mehr an Leben zu kommen? «Ich will, dass sie das Leben haben, und zwar in Fülle», Joh 10,10)
(3) *situationsgerecht und zukunftsorientiert*
  (= entsprechen die Ziele und Schritte, die Handlungsentwürfe und Handlungswege den Erfordernissen/den Möglichkeiten unserer Zeit?)

4.1 Aspekte für einen lebens- und glaubensförderlichen Umgang mit Menschen in Trennungs- und Scheidungssituationen

Für mich stellen sich im Bemühen um einen lebens- und glaubensförderlichen Umgang mit Menschen in Trennungs- und Scheidungssituationen daher unter anderem folgende Aufgaben:

(1) Die vorrangige Aufgabe im Kontakt und im Umgang mit Menschen in Trennungs- und Scheidungssituationen ist – gegen die allzumenschliche Versuchung, den Schmerz verdrängen und überspringen und alles möglichst schnell hinter sich lassen zu wollen – das Zulassen der Trauer über das Zerbrechen der Ehe und die Aufarbeitung der je eigenen Anteile der beiden Partner hieran als Voraussetzung zur Versöhnung mit der eigenen Geschichte, zum versöhnten Umgang mit dem ehemaligen Ehepartner und somit letztlich auch zur (Wieder-) Erlangung neuer Beziehungsfähigkeit.

(2) Neben dieser vorrangigen Aufgabe der Aufarbeitung der Trauer über das Zerbrechen der Ehe ist nüchtern und offensiv auch über die Möglichkeit eines kirchlichen Ehenichtigkeitsverfahrens zu informieren, also darüber, dass das Kirchliche Ehegericht von jeder Christin/jedem Christen angerufen werden kann, festzustellen, ob die Ehe von den Voraussetzungen ihres Beginns her keine gültige sakramentale Ehe gewesen ist.[15]

(3) In der kirchlichen Ehevorbereitung, sowohl im Gespräch zur Aufnahme des Ehevorbereitungsprotokolls als auch im Ehevorbereitungskurs, ist daher in Zukunft nachhaltiger zu thematisieren, wie viel an Bewusstheit und Verständnis von Ehe als Sakrament da sein muss, damit dieses Sakrament – und die Sakramente überhaupt – lebensgeschichtliche Bedeutsamkeit erlangen können. Die Gemeinsame Synode der Bistümer in der Bundesrepublik Deutschland hat zu Recht formuliert: «Sakramente sind Zeichen des Glaubens, deren Empfang Glauben voraussetzt».[16]

(4) Das in der Dogmatik vorherrschende Sakramentenverständnis und das daraus abgeleitete kirchliche Eherecht müssen sich fragen lassen: Wie kann es sein, dass einerseits, um ein Sakrament zu empfangen, zu Recht die entsprechende Disposition des Empfängers vorhanden sein muss (z. B. beim Bußsakrament Reue, Schuldbekenntnis und Vergebungsbitte), andererseits die Ehe zweier aus der Katholischen Kirche ausgetretener Partner, die ausdrücklich nur vor dem Standesamt geheiratet und eine

---

15 Vgl. *Bischöfliches Offizialat Münster* (Hrsg.), Ratgeber Kirchliches Eherecht.
16 Gemeinsame Synode der Bistümer in der Bundesrepublik Deutschland, 232.

kirchliche Trauung bewusst gemieden haben, kirchenrechtlich als sakramental gültige Ehe gilt?

(5) Es bedarf eines neuen, intensiven Gespräches zwischen Dogmatik, Kirchenrecht und Pastoral, in dem die Erfahrungen von Christinnen und Christen mit dem Zerbrechen von Ehe-Beziehungen reflektiert und auch in ihrer theologischen Dimension (z. B. in einer «Theologie des Scheiterns») gewichtet werden. Daraus sind Konsequenzen zu überlegen – bis hin zu einer Theologie der Ehe, die auch einen neuen Anfang in einer zweiten Ehe als sakramentales Beziehungszeichen zu denken vermag. Diese sollte im Sinne des Privilegium Paulinum «in favorem fidei», zugunsten eines Neuanfangs im Glauben, möglich sein können.

(6) Es sind besonders zwei Aufgaben, zu denen Seelsorger und Seelsorgerinnen in der Situation von Trennung und Scheidung herausgefordert sind: Zum einen gilt es, Menschen in ihren Abschieds- und Trauerprozessen zu begleiten und sie darin zu unterstützen, die Trennung und den Abschied voneinander zu gestalten. Zum anderen geht es darum, Mit-Sorge zu tragen für ein Klima in der Pfarrgemeinde, wo Menschen mit Lebensbrüchen nicht ausgegrenzt werden, sondern die Pfarrgemeinde zu einem Ort der Hoffnung wird.

(7) Fazit: In gebrochenen Situationen kann keine/r naiv auf glatte Lösungen hoffen. Realität ist Autorität, die es anzuerkennen gilt, ohne freilich einer Normativität des Faktischen das Wort reden zu wollen. Im Kontakt und im Umgang mit Menschen in Trennungs- und Scheidungssituationen in der Kirche muss vielmehr die menschenfreundliche Grundhaltung Jesu erfahrbar werden, die sich in Respekt, Wertschätzung und Akzeptanz der Person und ihrer jeweiligen Situation ausweist. Es muss bei Christen wortlos zu spüren sein, dass sie die Heiligkeit einer jeden Lebens- und Beziehungsgeschichte achten – mitsamt ihren Brüchen und Wunden und der Offenheit, auch beziehungsmäßig neu anfangen und sich mit Gottes Hilfe auf eine zweite Lebenspartnerschaft verbindlich neu einlassen zu wollen.

4.2 Trennung gestalten

Phasen der Trauer…

Als hilfreich für die Begleitung von Menschen in Trennungs- und Scheidungssituationen hat sich die Orientierung an den unterschiedlichen Phasen eines

Trauerprozesses erwiesen, wie sie z. B. Verena Kast,[17] Psychologin an der Universität Zürich, in Anlehnung an das Modell der Sterbephasen von Elisabeth Kübler-Ross[18] (1926–2004) formuliert hat. Die Phasen der Trauer bei Trennung und Scheidung ähneln denen, die Menschen in jeder schweren Lebenskrise zu bewältigen haben. Immer, wenn Hoffnungen gestorben, Lebenspläne zerbrochen, Menschen von uns gegangen sind, gilt es, solche Trauerarbeit zu leisten. Nicht verarbeitete Trennungen hinterlassen ihre Spuren und machen unfrei, sich für einen neuen Lebensabschnitt zu öffnen. Der Abschied und die Trennung von dem Menschen, die/der einst der wichtigste im eigenen Leben war, muss gestaltet werden. Es geht darum, die Gefühle des Schmerzes und der Wut, der Ohnmacht und der Trauer zuzulassen. Trauer ist die Emotion, durch die Menschen Abschied nehmen, Probleme der zerbrochenen Beziehung aufarbeiten und soviel als möglich von der Beziehung und den Eigenheiten des Partners/der Partnerin integrieren können, so dass sie mit neuem Selbst- und Weltverständnis weiterleben können. Jede der Trauerphasen bietet spezielle Schwierigkeiten und Chancen der Bewältigung. Eine innerlich nicht vollzogene Trennung wirkt sich auf das seelische Wachstum des Menschen hemmend aus, weil er nicht wirklich offen für das Neue ist, das ihm begegnet, und somit nicht frei werden kann für die Zeit des Alleinseins oder für eine neue Beziehung. Oftmals haben neue Partnerschaften keine Chance, weil zurückliegende Beziehungen noch nicht wirklich beendet und verarbeitet worden sind.

Die Psychologin Erika Schuchardt[19] hat aus 7 Untersuchungen von Lebenskrisen ein Schema entwickelt, das auch bei einer Trennung und einer Scheidung helfen kann, die einzelnen Etappen besser zu verstehen und zu bewältigen. Im Grunde durchläuft die/der Betroffene drei Stadien: ein Eingangs-, ein Durchgangs- und ein Zielstadium. Anders formuliert: einen Weg vom «Kopf» durch das «Herz» zur «Hand»-lung in vorgezeichneten acht Spiralphasen.

Die Empfindungen und Gefühle in den einzelnen Phasen skizzieren Karl Heinz Schmitt und Peter Neysters, in Anlehnung an Erika Schuchardt, wie folgt:[20]

---

17 Vgl. *Kast*, Trauern.
18 Vgl. *Kübler-Ross*, Interviews mit Sterbenden.
19 Vgl. *Schuchardt*, Jede Krise ist ein neuer Anfang.
20 *Schmitt/Neysters*, Zeiten der Liebe 314 f.

1. Ungewissheit *Was ist eigentlich los?*	– Ein Teil von mir ist tot. Ich bin wie durch einen Schock gelähmt. – Jetzt ist alles vorbei. – Was soll ich tun mit der Wohnung, mit den Kindern, im Beruf? – Ich spüre Wut gegenüber dem früheren Partner/der früheren Partnerin und gleichzeitig auch Heimweh und Sehnsucht. – Ich bin zu nichts mehr fähig.
2. Gewissheit *Das kann doch nicht wahr sein!*	– Es ist nicht mehr zu leugnen, unsere Ehe ist zu Ende. Aber die Erinnerungen bleiben… – Ich verberge meinen Schmerz nach außen und tue gelassen. – Nun muss ich mich allein um alles kümmern: Geld, Wohnung, Kinder. – Im Kopf ist alles klar – doch ich schaffe es nicht…
3. Aggression *Warum musste dies gerade mir passieren?*	– Überall begegnen mir nur Schwierigkeiten. – Die Stadt ist wie eine «Arche Noah»: Ich fühle mich ausgestoßen, ohne Partner oder Partnerin. – Alles ist gegen mich. – Ich kann niemanden mehr sehen. (Rückzug auf die eigenen vier Wände, Gefühlsausbrüche, Verbitterung und Aggression gegen alles, was an den Partner oder die Partnerin erinnert.) – Im Kopf war vorher alles klar, aber jetzt fühle ich mich mitten ins Herz getroffen.
4. Verhandlungen *Wenn wir es noch einmal versuchen würden, dann …*	– Vielleicht gibt es doch einen Weg zurück? – Was habe ich falsch gemacht? Ist der oder die andere schuld? Vielleicht sollte ich noch einmal mit ihm oder mit ihr reden? – Ich rufe an und rede über Dinge, die zu regeln sind, über die Kinder… – Ich biete meine Hilfe an, kommst du allein nicht klar?
5. Depression *Wozu alles – es ist sinnlos…*	– Meine Kräfte sind erschöpft – ich kann nicht mehr. – Ich möchte den ganzen Tag heulen. – Alkohol, Tabletten, Zigaretten; womit soll ich meinen Schmerz betäuben? – Ich kann nicht mehr schlafen, bin nervös und habe Angst. – Flucht in eine neue (flüchtige?) Beziehung.
6. Annahme *Ich erkenne meine Situation und will mein Leben in die Hand nehmen.*	– Der Schmerz lässt allmählich nach, ich schaffe es wieder, mich der Wirklichkeit zu stellen. – Die Zeit der Trauer geht zu Ende. – Ich denke nicht mehr 24 Stunden an unsere vergangene Ehe. – Ich verfluche nicht mehr alle Männer oder alle Frauen. – Ich finde zu meinem Selbstvertrauen und zu meiner Lebensrolle zurück…

| 7. Aktivität
Ich tue dies und jenes. | – Ich rufe alte Freunde/innen an und versuche, neue zu
finden.
– Ich gehe wieder meinen Interessen nach.
– Ich rede in Ruhe mit meinen Kindern über die Situation.
– Ich gestalte meine Wohnung neu. |
| 8. Solidarität
Wir handeln. | – Allmählich wird mir bewusst: Ich bin nicht die einzige
Person, die getrennt und geschieden ist.
– Allein schaffe ich es nicht, ich brauche die Solidarität und
die Hilfe anderer, und andere brauchen mich.
– Vor allem der Kinder wegen müssen wir uns zusammentun.
– Vielleicht tun wir uns als Alleinerziehende zusammen, oder
ich schließe mich einer (Frauen-/Männer-) Gruppe an. |

4.3 Zur Aufgabe und Möglichkeit von Seelsorgerinnen und Seelsorgern: Begleiten – Beraten – Ermutigen

Sich einfühlen statt beurteilen…

Wie können Seelsorger und Seelsorgerinnen Menschen im Trennungsprozess begleiten? Wie können sie den einstigen Ehepartnern helfen, sich dieser Aufgabe zu stellen und sie so zu gestalten, dass sie der Verantwortung füreinander, für die gemeinsame Geschichte, für die Kinder aus dieser Geschichte und für den Weg in eine getrennte Zukunft gerecht werden?

Vor allem dadurch, dass sie die Menschen so akzeptieren, wie sie sind, und sie vor, während und nach einer Trennung und Scheidung nicht allein lassen, sondern begleiten. Sie können die Scham, den Rückzug und die (Selbst-)Isolation ansprechen und mithelfen, die eigenen Ressourcen und Kraftquellen zu entdecken, damit keine/r in der Opferrolle verharrt. Sie können ihnen Mut machen zur Trauerarbeit, die widerstreitenden Gefühle von Liebe und Hass, Anziehung und Angst, Selbstbezichtigung und Schuldzuweisung, Depressionen und Hoffnungen zuzulassen, und darüber hinaus sie ermutigen, in dieser für sie das eigene Leben regelrecht «umwälzenden» Situation fachliche Hilfe für sich in Anspruch zu nehmen und eine Psychologische Beratungsstelle aufzusuchen.

Es geht darum, einen Weg aus der inneren Sackgasse bahnen zu helfen und einen Raum des Gesprächs anzubieten, um die für die Trennung wichtigen Themen des Loslassens und der Neuorientierung aufzugreifen und den notwendigen inneren Wandlungsprozess einzuleiten bzw. zu stärken. Es geht um

Hilfe bei dem schwierigen Prozess, dass Ehepartner bereit und fähig werden, einander gegenseitig um Entschuldigung zu bitten, wo sie einander Schmerzen und Kränkungen zugefügt haben, und einander zu verzeihen, wo sie durch den anderen/die andere verletzt wurden. Es geht darum, einander freizugeben für eine neue Zukunft und voneinander versöhnt Abschied zu nehmen sowie einander zuzusagen, sich in Zukunft in neuer gegenseitiger Achtung zu begegnen – z. B. in der Elternrolle. Denn auch wenn eine Ehe als Liebes- und Lebensgemeinschaft zerbrochen und beendet ist, beide also kein Ehe-Paar mehr sind, so bleiben sie doch durch die gemeinsame Verantwortung für die gemeinsamen Kinder miteinander als Eltern-Paar verbunden und sollten alles tun, um diese Verantwortung partnerschaftlich wahrnehmen zu können.

Auch sollen Seelsorgerinnen und Seelsorger Schuldgefühle ernst nehmen und zum Aufarbeiten von Schuld und Kränkungen ermutigen. Des Weiteren gilt es, Anklagen gegenüber Gott, den Mitmenschen und der Kirche auszuhalten, sich darauf einzulassen und mitzuhelfen, diese loslassen zu können. Wo es möglich ist, sollen Seelsorgerinnen und Seelsorger die Situation der Trennung und Scheidung bewusst auch vom Glauben her thematisieren und begleiten. Nicht zuletzt geht es auch darum, die existentiellen und materiellen Nöte, wie die Fragen nach Unterkunft, Arbeitsplatz, Finanzen, Kinderbetreuung usw. anzusprechen: Wo besteht Handlungsbedarf? Wie geht es den Kindern in dieser auch für sie schwierigen Situation? Welche Hilfe bekommen sie?

Zur Sprache bringen statt totschweigen...

Seelsorger und Seelsorgerinnen können neben dem, dass sie für die unmittelbar Betroffenen personales Angebot zur direkten Hilfe sind, zusammen mit dem Pfarrei- oder Pfarrgemeinderat überlegen, was sie zur Schaffung eines Klimas beitragen können, damit die Pfarrgemeinde für geschiedene Frauen und Männer wie für Wiederverheiratete zu einem Ort der Hoffnung werden kann. Hierzu müssen die Mitglieder einer Pfarrei bereit sein, 1. ihre eigene Haltung zu Trennung, Scheidung und Wiederheirat miteinander offen zu kommunizieren, um die allgemeine Sprachlosigkeit und Hilflosigkeit im Umgang mit Menschen in Situationen von Trennung, Scheidung und Wiederheirat zu überwinden. Erst dann könnten die Mitglieder eines Pfarreirates bzw. Pfarrgemeinderates 2. Informations- und Gesprächsabende zur Problematik anbieten und durchführen. Die Seelsorgerinnen und Seelsorger könnten zudem Trennung, Scheidung und Wiederheirat vorher in Predigt und Verkündigung zum Thema machen und somit die Auseinandersetzung hierüber in der Gesamtgemeinde anstoßen und zum ernsthaften Austausch anregen. Dies kann den Boden bereiten, dass Menschen der Gemeinde auf von Trennung, Scheidung und Wiederheirat Betroffene zugehen und sie mit großer Sensibilität ansprechen.

Einladen statt ausschließen...

Es bedarf in der Pfarrei eines Klimas, in dem Menschen nicht ausgegrenzt werden, sondern in dem spürbar ist, dass die Pfarrei nicht eine Gemeinschaft von vollkommenen, sondern von suchenden Menschen ist, die sich zwar an Idealen ausrichten, aber sehr wohl aufgrund der «erbsündlichen Gebrochenheit» auch Niederlagen erleiden und verschulden. In einer Gemeinschaft, die sich bemüht, andere nicht zu verurteilen, ist auch die Bereitschaft vorhanden, sich mit den je eigenen Anteilen am Zerbrechen einer Ehe, auch mit der eigenen Schuld und dem eigenen Versagen ehrlich auseinanderzusetzen.

Frauen und Männer, die in Trennung, Scheidung und Wiederheirat leben, einzuladen[21] statt auszuschließen, heißt unter anderem z. B.:

– die Betroffenen zur aktiven Beteiligung am kirchlichen Leben und seinen sozialen Aufgaben in der eigenen Gemeinde einzuladen und sie nicht einfach in andere Gemeinden wegzuschicken;
– die Mitgliedschaft und Mitarbeit in kirchlichen Verbänden, die Wahl oder Berufung in den Pfarreirat/den Pfarrgemeinderat und seine Sachausschüsse zu ermöglichen;
– zur Mitarbeit in Erstkommunion- und Firmvorbereitungsgruppen einzuladen;
– bei haupt- und nebenberuflichen kirchlichen Mitarbeitern/Mitarbeiterinnen (z. B. Kindergärtnerinnen, Caritas-Mitarbeiterinnen/Mitarbeitern) sowie bei hauptberuflichen pastoralen Mitarbeiterinnen und Mitarbeitern auf arbeitsrechtliche Konsequenzen zu verzichten: Kündigungsrecht ist nicht Kündigungspflicht.

Die hier angedeuteten Überlegungen sollen und können nur die Richtung anzeigen, in die weiter nachzudenken ist.[22]

---

21 Vgl. *Lehmann/Kasper/Saier,* Zur seelsorglichen Begleitung von Menschen aus zerbrochenen Ehen; *Stadler/Knecht,* Auf dem Weg mit Geschiedenen und Wiederverheirateten.
22 Siehe Anmerkung 5.

Zum Schluss: Zu den pastoralen Handlungsperspektiven, die sich daran ausrichten, ob das Handeln «*evangeliumsgemäß*», «*menschendienlich*», «*situationsgerecht und zukunftsorientiert*» ist, gehört in der Bereitstellung des christlich-kirchlich vermittelten Lebenswissens im Umgang mit Trennung und Scheidung unbedingt auch die Eröffnung und Erschließung eines spirituellen Zugangs zur Bearbeitung und Gestaltung dieser Situation.

4.4 Der verwundete Arzt – Leitbild menschlicher Existenz und Leitbild der Seelsorgerinnen und Seelsorger

«Wenn Ehen zerbrechen…» – und dies ist die Realität vieler Menschen, auch unter Christen –, ist es somit zum einen wichtig, den Betroffenen, auch und gerade in ihrer menschlich und existentiell schwer erschütterten Situation, Gottes Nähe glaubwürdig zu bezeugen, Kirchengemeinschaft und Gemeinde-Zugehörigkeit sicherzustellen und sie nicht allein zu lassen.

Auf dieser Basis ist es aber dann genauso wichtig, den von Trennung und Scheidung betroffenen Frauen und Männern, die ihre Realität zumeist als ein Scheitern und Gescheitert-Sein empfinden und verwundet sind, diese Situation auch als Chance wahrnehmen zu helfen – z. B. mit dem Bildwort von Jesus als dem verwundeten Arzt. Es lädt zu der Sichtweise ein: Wenn Menschen sich mit ihrer Wunde versöhnen, dann macht die Wunde sie sensibel und zeigt ihnen, dass sie noch fühlen können und in ihnen die Sehnsucht noch lebendig ist. Denn: «Alles beginnt mit der Sehnsucht…» (Nelly Sachs).

Der verwundete Arzt – Leidbild menschlicher Existenz

Dort, wo Menschen in ihrer Wunde gebrochen sind, sagt der geistliche Schriftsteller Henri J. M. Nouwen (1932–1996), dort sind sie auch aufgebrochen für Gottes Liebe. Dort zerbrechen die Masken, die sie sich oft genug aufgesetzt haben, um sich vor den Mitmenschen zu schützen. Dort ist auch die Türe, durch die sie Zugang finden zu ihrem Selbst, zu dem unverfälschten Bild, das Gott sich von jeder/jedem gemacht hat.[23]

---

23 Vgl. *Nouwen*, Geheilt durch seine Wunden.

Der verwundete Arzt – Leidbild der Seelsorgerinnen und Seelsorger

«Seelsorge in Lebenskrisen» – für diesen seelsorglichen Dienst ist die Erfahrung der eigenen Wunden eine unersetzbare Voraussetzung. Nur über die eigenen Wunden können Seelsorgerinnen und Seelsorger sich den Wunden anderer nähern. Wer den Weg zu den eigenen Tiefen wagt, wird ihn auch zu den anderen finden. Wer Menschen begleiten, ja, heilen will, darf weder sich selbst noch den anderen den Weg durch die eigenen Wunden ersparen. So verstanden, ist Seelsorge dieser Weg durch die Wunden, die das Leben schlägt, zur Heilung und zum Heil.

«Rabbi Joschua ben Levi traf den Propheten Elija … Er fragte Elija: ‹Wann kommt der Messias?› Elija antwortete: ‹Geh hin und frage ihn selbst!› ‹Wo ist er?› ‹Er sitzt am Stadttor.› ‹Wie kann ich ihn erkennen?› ‹Er sitzt, über und über mit Wunden bedeckt, unter den Armen. Die anderen legen all ihre Wunden auf einmal frei und verbinden sie dann wieder. Er aber nimmt immer nur einen Verband ab und legt ihn sofort wieder an, denn er sagt sich: Vielleicht braucht man mich: wenn ja, dann muss ich immer bereit sein und darf keinen Augenblick säumen.›»[24]

Literatur

Baumann, Urs: Utopie Partnerschaft. Alte Leitbilder – neue Lebensformen, Düsseldorf 1994.

Beck, Ulrich/Gernsheim, Elisabeth: Das ganz normale Chaos der Liebe, Frankfurt/Main 1990.

Belok, Manfred: «Auf der Suche nach dem Glück…». Partnerschaft und Ehe heute. In: *Gellner, Christoph* (Hrsg.): Paar- und Familienwelten im Wandel. Neue Herausforderungen für Kirche und Pastoral, Zürich 2007, 37–62.

Ders.: Die Pastoralkonstitution Gaudium et spes. Anliegen und bleibende Verpflichtung. In: *Ders./Kropač, Ulrich* (Hrsg.): Volk Gottes im Aufbruch. 40 Jahre II. Vatikanisches Konzil, Zürich 2005, 137–178.

Ders.: Geschieden und wiederverheiratet. Anfrage an und Herausforderung für die Pastoral. In: *Haslbeck, Barbara/Günther, Jörn* (Hrsg.), Wer hilft, wird ein anderer. Zur Provokation christlichen Helfens (FS Isidor Baumgartner), Münster 2006, 173–196.

---

24 Aus dem Traktat Sanhedrin, zitiert von *Nouwen,* in: Geheilt durch seine Wunden 119 f.

Bischöfliches Offizialat Münster (Hrsg.): Ratgeber Kirchliches Eherecht: Was tun, wenn die Ehe zerbrochen ist? Darstellung des Verfahrens mit Fallbeispielen, Münster 2001.

Bodenmann, Guy/Cina, Annette: Stress und Coping als Prädikatoren für Scheidung. Eine prospektive Fünf-Jahres-Längsschnittstudie. In: Zeitschrift für Familienforschung 12 (2000) 5–20.

Bodenmann, Guy: Beziehungskrisen: Erkennen, verstehen und bewältigen, Bern 2002.

Ders.: Die Bedeutung von Stress für die Partnerschaft. In: *Bierhoff, H.W./Grau, I.* (Hrsg.): Sozialpsychologie der Partnerschaft, Berlin 2003, 481–504.

Ders.: Risikofaktoren für Scheidung. Ein Überblick. In: Psychologische Rundschau 52 (2001) 85–95.

Ders.: Stress und Coping bei Paaren, Göttingen 2000.

Ders.: Stress und Partnerschaft. Den Alltag gemeinsam bewältigen, Bern [3] 2004.

Emeis, Dieter: Wenn die Kirche von den Menschen lernt. Beispiel: Ehe. Freiburg/Br. 1996.

Gemeinsame Synode der Bistümer in der Bundesrepublik Deutschland, Freiburg/Br. 1976.

Jellouschek, Hans: Wie Partnerschaft gelingt – Spielregeln der Liebe. Beziehungskrisen sind Entwicklungschancen, Freiburg/Br. [14]2005.

Johannes Paul II.: Apostolisches Schreiben «Familiaris Consortio» (= Verlautbarungen des Apostolischen Stuhls, hrsg. vom Sekretariat der Deutschen Bischofskonferenz, Nr. 33), Bonn 1981.

Kast, Verena: Trauern – Phasen und Chancen des psychischen Prozesses, Stuttgart-Zürich 2002.

Kübler-Ross, Elisabeth: Interviews mit Sterbenden, Gütersloh [4]1975.

Lehmann, Karl/Kasper, Walter/Saier, Oskar: Zur seelsorglichen Begleitung von Menschen aus zerbrochenen Ehen, Geschiedenen und Wiederverheirateten Geschiedenen. Einführung, Hirtenwort und Grundsätze, hrsg. v. den Bischöflichen Ordinariaten der Oberrheinischen Kirchenprovinz, Freiburg, Mainz, Rottenburg-Stuttgart 1993.

Nouwen, Henri: Geheilt durch seine Wunden. Wege zu einer menschlichen Seelsorge, Freiburg/Br. 1987.

Schmitt, Karl Heinz/Neysters, Peter: Zeiten der Liebe, München 1991.

Schuchardt, Erika: Jede Krise ist ein neuer Anfang. Aus Lebensgeschichten lernen, Düsseldorf [4]1984.

Stadler, Paul/Knecht, Nikolaus (Hrsg.): Auf dem Weg mit Geschiedenen und Wiederverheirateten in Kirche und Pfarrei, St. Gallen [2]1998.

«Mit großem Erbarmen werde ich Dich sammeln» (Jes 54,7)

Beratungsdienst als Wesensausdruck von Kirche. Dogmatische Anmerkungen im Horizont von Papst Benedikts Enzyklika «Deus Caritas est»

Hermann Stinglhammer

Tagtäglich leisten kirchliche Beraterinnen und Berater vielen, auch vielen kirchenfernen Menschen lebens-not-wendige Hilfe. Von diesen werden sie und ihr Tun dafür hoch geschätzt.[1] In der Außenwahrnehmung wird so eine beraterisch agierende Kirche fraglos als eine Kirche wahrgenommen, die ihrem ureigensten Auftrag nachkommt, Kirche um der Menschen willen zu sein. Dieser relativ klaren Einschätzung stehen in der binnenkirchlichen Diskussion andere Sichtweisen entgegen. Dort ist die theologische bzw. ekklesiologische Wertigkeit des Handlungsfeldes «Beratung» noch immer höchst unklar oder wird schlichtweg bestritten. Dies hat Folgen vor allem für das kirchliche Selbstverständnis der Beraterinnen und Berater selbst und führt zu den entsprechenden Rollenunsicherheiten. Darüber hinaus trägt die fehlende theologische Einordnung ihres Tuns dazu bei, dass eine lebensgedeihliche Synergie *aller* pastoralen Dienste innerhalb der Kirche konflikthaft gestört, gelegentlich sogar unmöglich gemacht wird – zuungunsten der leidenden Menschen. Ist kirchliche Beratung demnach, so die zugrundeliegende Fragestellung, lediglich mit dem Index einer «Vorfeldpastoral» zu versehen, während «das Eigentliche» sich exklusiv im Bereich der Sakramente ereignet? Wie ist also der Dienst der kirchlichen Beratungsstellen theologisch zu bewerten? Dieser Problemstellung wollen sich die folgenden Reflexionen in dogmatischer Perspektive widmen.

---

1   Vgl. dazu: Diözesanfachreferenten, Ehe-, Familien- und Lebensberatung, hier vor allem 21–26. Der psychologische Dienst der Bayerischen Diözesen nennt für das Jahr 2005 folgende Zahlen: 30.000 Beratungen, denen 120.000 Beratungsstunden entsprechen (vgl. ebd. 15–17).

Vor dem Hintergrund einer theologiegeschichtlich durchgeführten Kairo-logie (1) geht es darum, im Sinne einer dogmatischen Kriteriologie eine theo-logische Verortung kirchlicher Beratung vorzunehmen. Dabei wird besonde-rer Bezug auf die Antrittsenzyklika Benedikts XVI. genommen (2). Daran schließen sich Konsequenzen für eine therapeutische Pastoral als Realsymbol des «sehenden Herzens» Gottes an (3).[2]

1   Die pastorale Diastase von Heilung und Heil: eine theologiegeschichtliche Anamnese

Zunehmend wird das Auseinanderdriften von wortreich verkündigtem und (meist nicht) erfahrenem Heil beklagt. Der immer mehr zu beklagende Rele-vanzverlust des Christentums wird begründet mit dessen Scheitern, seine urei-genste Botschaft vom Heil als Signatur des Reiches Gottes in die Spürbarkeit von Befreiung und gelingendem Leben schon jetzt zu übersetzen.

Wie ist es dazu gekommen? Einige kurze Striche müssen hier genügen. In der Zeit der jungen Kirche war es jedenfalls noch nicht so. Sie wusste darum, dass ihre Verkündigung vom Christus-Soter, dem Heiland Gottes, mit dem Heilwerdendürfen des Menschen einherzugehen hat (vgl. Mk 16,17ff; Apg 3,1–10; 5,12–16 u. ö.). Denn das eschatologische Pro-nobis Christi wirkt eben schon heilsam in die Gegenwart des vom Leben belasteten Menschen herein. «Caro salutis est cardo»,[3] so sagt es Tertullian im zweiten nachchristli-chen Jahrhundert. Und das heißt inklusiv auch: «Anima salutis est cardo»: Das ganze Menschsein also ist der Dreh- und Angelpunkt des Heiles. Nicht umsonst wurde in der Kirche dieser Epoche Christus in der Liturgie als der Christus-medicus, als der Arzt der Gläubigen, angerufen.

Diese Akklamation ersetzte schließlich der Bittruf zum Kyrios-Dominus, als dann die sich etablierende Reichskirche die Attribute des Kaisers auf den biblischen Christus übertrug. Zum anderen nahm die Gestalt des Glaubens in der Auseinandersetzung mit den begegnenden und je neu herausfordernden geistigen Kontexten immer mehr eine doktrinal-lehrhafte Form an. Es ist hier nur an die Apologien der Patristik und die großen Systementwürfe der Theo-

---

2   Folgende Ausführungen sind dem Passauer Altbischof Franz Xaver Eder in Verehrung und Dankbarkeit für seinen beispielhaften bischöflichen Dienst in unserem Bistum gewidmet.

3   De resurrectione mortuorum 8,1.

logiegeschichte, etwa die hochscholastischen Summen oder die neuscholastische Lehrbuchtheologie des 19. Jahrhunderts, zu erinnern. Das Ergebnis dieses theologiegeschichtlichen Transformationsprozesses ist: Aus dem biblisch erfahrbaren Heil wurde unter dem Stichwort «Soteriologie» immer mehr ein abstrakter Traktat von Heil und Erlösung, eines Heiles zumal, das entweder in der Innerlichkeit der Seele oder in einer göttlichen Überwelt zu suchen war. Die kirchliche Verkündigung jedenfalls konnte es nicht mehr als das konkrete «Heil in der Geschichte»[4] ausweisen: ein Heil, worin dem Menschen schon jetzt spürbar aufgeht, dass in Gottes Reich seine erbarmende Zuwendung all denen gilt, die sich – wie und warum auch immer – verloren vorkommen müssen (vgl. Lk 19,10).[5] Und damit sind wir im pastoralen Heute angekommen: jener verhängnisvollen Halbierung von Heilung und Heil, von Glauben und Leben, von Ritus und Erfahrung, weil dem Christentum das Therapeutische als grundlegende Signatur seines Ethos über weiteste Strecken abhanden gekommen ist. Sehr zu Recht wird daher das Therapeutische an prominenter Stelle von Eugen Biser als notwendiges Moment einer Selbstkorrektur von Theologie und Pastoral eingefordert.[6]

2 Weiterführende Perspektiven: Papst Benedikts XVI. Enzyklika «Deus Caritas est»

Es war zuletzt Papst Benedikt XVI. selbst, der im Blick auf die eben aufgezeigte Entfremdungsgeschichte innerhalb der Theologie in seiner Antrittsenzyklika «Deus Caritas est»[7] sehr entschieden darauf hinwies, dass die Diastase von Heilung und Heil der *einen und ganzen Wahrheit* des Credos nicht gerecht werden kann. Dessen zentrale Aussage lautet ja: «propter hominum salutem» und bezieht sich dabei auf das integrale Heilsein des Menschen.

Benedikt insistiert in seinem Argumentationsgang darauf, dass die caritativ-therapeutische Dimension *essentiell* in das kirchliche Zeugnis der Liebe Gottes

---

4   Vgl. dazu *Seckler,* Heil.

5   Als Versuch, die theologische Rede vom Heil kontextuell «zu erden», sind in der Folge des II. Vatikanums die verschiedensten Entwürfe der sogenannten «Theologie der Befreiung» zu verstehen.

6   Vgl. *Biser,* Wende 242–254; *Arnold,* Glaube.

7   *Benedikt XVI.,* Enzyklika «Deus caritas est» (= Verlautbarungen des Apostolischen Stuhls, Nr. 171), 25. Dezember 2005. Die nachfolgenden Zitate beziehen sich auf diese Ausgabe. Vgl. dazu: *Zulehner,* Liebe.

hineingehört. Mit seinen eigenen Worten: «Das Wesen der Kirche drückt sich in einem dreifachen Auftrag aus: Verkündigung von Gottes Wort (*kerygma-martyria*), Feier der Sakramente (*leiturgia*) und Dienst der Liebe (*diakonia*).» Und – so der Papst weiter: «Es sind Aufgaben, die *sich gegenseitig bedingen und sich nicht voneinander trennen lassen*. Der Liebesdienst ist für die Kirche nicht eine Art Wohlfahrtsaktivität, die man auch anderen überlassen könnte, sondern *er gehört zu ihrem Wesen, ist unverzichtbarer Wesensausdruck ihrer selbst*.»[8]

Mit Blick auf die Eucharistie als dem höchsten sakramentalen Selbstvollzug, in dem Kirche von Gott her wird, was sie sein soll, nämlich tätiges Zeichen der Liebe Gottes aus der Begegnung mit Gott, hält der Papst fest: «Die ‹Mystik› des Sakraments hat sozialen Charakter.»[9] Er meint damit:

> «In ihr kommt die *Agape* Gottes leibhaft zu uns, um in uns und durch uns weiterzuwirken ... Glaube, Kult und Ethos greifen ineinander als eine einzige Realität, die in der Begegnung mit Gottes *Agape* sich bildet. Die übliche Entgegensetzung von Kult und Ethos fällt hier einfach dahin: Im ‹Kult› selber, in der eucharistischen Gemeinschaft, ist das Geliebtwerden und Weiterlieben enthalten. Eucharistie, die nicht praktisches Liebeshandeln wird, ist in sich selbst fragmentiert».[10]

Diese Sicht hat der Papst bereits in seiner Promotion über die «Kirche als Volk und Haus Gottes bei Augustinus» eingenommen. Bezüglich der augustinischen Sicht der Teilhabe der Gläubigen am eucharistischen Opfer Christi stellt Ratzinger dort das Opfer der Caritas heraus und betont:

> «Hier liegt ... zugleich die Umkehrung in die alleräußerste Konkretheit vor, denn Caritas ist nicht ein mystisches Innen, das für die menschliche Verwirklichung nichts sagt, sondern ... sie ist die reale, nüchterne, wirkende Liebe des christlichen Herzens. Das heißt: Jede Tat echter christlicher Liebe, jedes Werk des Erbarmens ist in einem wahren und eigentlichen Sinn Opfer, Setzung des einen einzigen sacrificium christianorum. Es gibt nicht auf der einen Seite ein uneigentliches moralisches oder persönliches Opfer und daneben ein eigentliches kultisches, sondern das erste ist die res des letztern, indem dieses erst seine eigentliche Wirklichkeit hat. Wir stehen hier vor dem, was man die Messopfertheorie Augustins nennen könnte.»[11]

---

8 Deus Caritas est, Nr. 25a (Hervorhebung H. St.).
9 Ebd., Nr. 14.
10 Ebd.
11 *Ratzinger*, Kirche 213 f.

Daher, so Benedikt in seiner Enzyklika, kann die «Kirche … den Liebesdienst ebenso wenig ausfallen lassen wie Sakrament und Wort».[12] Gerade weil alle drei Dimensionen untrennbar Kirche als das *eine* Sakrament der Gottesliebe konstituieren und darin komplementär aufeinander verwiesen sind, gehört auch das Diakonisch-Therapeutische auf seine spezifische Weise *integral in die sakramentale Wirklichkeit der Kirche hinein.* Liturgie und Diakonie sind essentiell aufeinander bezogen. Beide konstituieren das *eine* Wesen von Kirche als Sakrament des Heiles. Ob darum der Einzelne handelt oder die Kirche in ihren verschiedensten Strukturen und Einrichtungen, immer stellt solcher Dienst am konkret leidenden Menschen – so der Papst – das *«opus proprium»*[13] der Kirche dar. Er bezeichnet ihre ureigenste Aufgabe, in der sie «nicht mitwirkend zur Seite steht, sondern als unmittelbar verantwortliches Subjekt selbst handelt und das tut, was ihrem Wesen entspricht».[14] Und das heißt: in der Nachfolge des Samariterdienstes Jesu die Menschenfreundlichkeit Gottes in einer Praxis des «sehenden Herzens» zu verwirklichen.[15]

Es ist theologisch bemerkenswert, dass Benedikt in diesem Zusammenhang ausdrücklich darauf hinweist, dass das 2004 erschienene Direktorium für den pastoralen Dienst der Bischöfe *Apostolorum Successores*[16] die besondere Zuständigkeit der Bischöfe für den Liebesdienst der Kirche hervorgehoben hat.[17] Denn nach dogmatischem Verständnis findet die Sakramentalität der Kirche im Bischof ihren höchsten amtlichen Ausdruck. Insofern wird daher im Blick auf den Bischof der Samariterdienst dem sakramentalen Wesen von Kirche selbst eingegliedert. Nicht umsonst formuliert daher der Papst, dass entsprechend *Apostolorum Successores* hervorzuheben ist, dass «der Liebesdienst ein Akt der Kirche als solcher ist und dass er ebenso wie der Dienst am Wort und an den Sakramenten einen Wesensteil ihres grundlegenden Auftrags darstellt».[18]

Es zeigt sich also, dass Benedikt in seinen Ausführungen eine immer noch anzutreffende Engführung auf das «Sakramentalistische» aufsprengt, wonach sich das Heil ausschließlich in den Sakramenten ereigne. Vielmehr sucht er selbst den Anschluss an die ganzheitliche Lesart der patristischen Tradition,

---

12 Deus Caritas est, Nr. 22.
13 Ebd., Nr. 29.
14 Ebd.
15 Vgl. ebd., Nr. 31b.
16 Vatikanstadt, 2004.
17 Vgl. Deus Caritas est, Nr. 32.
18 Ebd.

wonach die Kirche insgesamt als das mysterion, d. h. als Ereignis der Vergegenwärtigung des Heilswillens Gottes gesehen wird. Und es ist eben diese Sichtweise, die sich auch die Kirche des II. Vatikanums zu Eigen macht, wenn sie sich als «sacramentum seu signum et instrumentum»,[19] also als sakramentales Zeichen und Werkzeug für den Heilswillen Gottes begreift. In seiner Argumentation gelingt Benedikt eine Synthese der Kirchenlehre der Väter mit einer modernen Ekklesiologie. Gerade darin holt er die sakramentale Dimension des Diakonisch-Therapeutischen in die Bestimmung von Kirche ein.

Für unseren Problemzusammenhang bedeutet dies: Beratung gehört auf ihre spezifische Weise zur unteilbar-einen sakramentalen Ausdrucksgestalt von Kirche. Sie bildet daher – metaphysisch gesprochen – keineswegs ein Akzidens, also nur eine äußerliche Zutat zum eigentlichen Wesen der Kirche, das einzig und allein in den Sakramenten zu liegen käme. Vielmehr ist mit dem Caritativ-Therapeutischen die sakramentale Funktion der Kirche, Zeichen des Heilswillens Gottes zu sein, im Kern tangiert. Denn der therapeutische Dienst am Leben- und Überlebenkönnen des Menschen bildet einen Teil jener Praxis, in der Jesus Christus als der sakramentale Urgrund der Kirche sich in das geschichtliche Handeln seines Leibes übersetzt, um inmitten der Geschichte der Menschen da zu sein. Im Samariterdienst der Beratung dynamisiert sich der Gott, der im Sakrament den Lebenshungrigen das Brot seiner Liebe bricht, nach außen. Er übersetzt sich in das Tun konkreter Menschen. Er bekommt darin gleichsam «Hand und Fuß», ein Gesicht und eine Stimme und wird so inmitten der Geschichte des Leidens heilsam gegenwärtig. Erst in solch konkreter Caritas ist jener heilsrelevante Glaube da, den die Tradition biblisch als «einen Glauben, der in der Liebe wirksam ist», qualifiziert.[20] Sie unterscheidet ihn damit von einem leeren Glauben, der sich die Gnade der Sakramente eben nur «sakramentalistisch» und damit «unfruchtbar» aneignet, um wiederum ein Wort aus der Tradition zu bemühen. Auch in dieser Perspektive zeigt sich also, dass der Dienst am Nächsten zusammen mit allen anderen Ausdrucksgestalten der Kirche deren *einen* Wesensausdruck bildet, wie Benedikt immer wieder betont.[21] Gerade der Begriff des Wesensausdruckes zielt aber auf die sakramentale Gestalt der Kirche. Diese ist im Verständnis Benedikts wie eine Ellipse mit zwei Polen, die sich *wechselseitig hervorbringen.* Kirche lebt aus der Begegnung mit dem Sakrament der Liebe Gottes, wie

---

19 Lumen Gentium, Nr. 1.
20 Vgl. dazu Deus Caritas est, Nr. 31a.
21 Vgl. dazu ebd., Nr. 25.

sie ihr in Jesus Christus geschenkt wird. Und zugleich ist sie gerufen, diese Liebe nach außen hin zu übersetzen, um so Jesus Christus als das «sehende Herz» Gottes in den vielen einzelnen Unheilsgeschichten der Menschen zu vergegenwärtigen.

3 Kirchliche Beratung: Real-Symbol einer Pastoral des «sehenden Herzens»

Das bisher Gesagte lässt sich im Blick auf den kirchlich verorteten Beratungsdienst noch weiter profilieren: Kirchliche Beratung stellt inmitten unserer pastoralen Kultur eine realsymbolische Vergegenwärtigung und zugleich eine kritische Erinnerung an die Pastoral des Erbarmens Jesu dar.[22] Im Sinne einer therapeutischen Sakramentalität vergegenwärtigt sie das Hinzutreten des Christus-Soter, des Heilandes, an die Seite des konkreten Menschen, der – wie und warum auch immer – in das Aus seines Lebens geraten ist. Mit ihrer fachlichen Kompetenz, ihrem persönlichen Dasein und Zeithaben, dem oft so herausfordernden Durcharbeiten von Konflikten, im Aushalten von Widerständen, im sensiblen Wachsenlassen von Lösungen, die oft nur darin bestehen, sich mit dem eigenen Leben aussöhnen zu können, stehen die Mitarbeiter kirchlicher Beratungsdienste ein für die Option Gottes, Leben zu retten. Sie verkörpern das Hinzutreten des solidarischen Gottes, der «Aug und Ohr» ist für den leidenden Menschen, an dem heute ebenso oft wie vielfältig die Dämonen der psychischen Unbehaustheit zerren. Wo immer sie angesichts des hilfebedürftigen Menschen das «heilsame Handwerk Gottes» (M. Buber) ergreifen, stehen Beraterinnen und Berater ein für den Gott, der von sich sagt: «Ich habe das Elend meines Volkes gesehen» (Ex 3,7), und dessen tiefstes Wesen sich ausdrückt im Wort des Propheten Jesaja: «Mit großem Erbarmen werde ich dich sammeln» (Jes 54,7).

Zugleich steht Beratung für eine pastorale Kultur, die das Therapeutisch-Heilsame auf allen Ebenen wiedergewinnen sollte. Und sie steht für die Umkehr einer Seelsorge, die Glauben vor allem durch doktrinale Belehrung und moralische Imperative wecken zu müssen glaubt. So unverzichtbar die Aussageformen einer lehrenden Kirche natürlich sind, so sehr gilt doch, dass der Glaube an das Heil Gottes seine Erfahrbarkeit voraussetzt, so anfanghaft sie auch sein mag. Kirchliche Beratung steht so dafür, dass die Diastase von

---

22 Vgl. dazu neuestens *Zulehner, Gott*.

Heilung und Heil sich im Leben des leidenden und verwundeten Menschen schließen kann in der Erfahrung von aufhelfender Zuwendung. Gerade so hilft sie den Weg bahnen in die compassio Gottes, die das heilsame Geheimnis seines An-Wesens für uns ist (vgl. Ex 3,14).

4 Konsequenzen für eine «therapeutische Sakramentalität» der Kirche

Beratung als Realsymbol für eine veränderte bzw. zu verändernde pastorale Kultur in der Kirche: Was dies bedeuten kann, sei abschließend in kurzen Strichen skizziert.

a) Es ergibt sich daraus ein Plädoyer für eine *entschiedene Seelsorge vor Ort*. Umfragen belegen, dass der Wunsch nach persönlicher Seelsorge hochgradig in den Menschen verankert ist, ohne dass ihm auf dem Boden unserer Gemeinden ausreichend nachgekommen wird bzw. nachgekommen werden kann.[23] Hier ist im Sinne des Evangeliums eine strukturelle Umkehr weg von einem abstrakten Gremienchristentum zugunsten einer menschennahen Pastoral gefordert.

b) Damit einhergehend muss das theologische Konzept «Gemeinde» kritisch weiterentwickelt werden. Wo allein das «Prinzip Gemeinde» zum Selbstzweck kirchlichen Handelns wird, droht die Sorge am konkreten Einzelnen in das Hintertreffen zu geraten.[24]

c) Um dieser Sensibilität für die Leidenden willen wird es mehr denn je nötig sein, die vielen haupt- und ehrenamtlichen Mitarbeiterinnen und Mitarbeiter für helfende Begegnung zu sensibilisieren und auszubilden.[25]

d) Die Beurteilung diakonischer Praxis als essentielles Moment kirchlicher Sakramentalität lässt durchaus die Frage aufkommen, warum diese nicht in einer Auffächerung des einen amtlichen Diakonates besser zur Geltung gebracht werden sollte. Theologisch mindestens wären hier verschiedenste Beauftragungen sakramentaler Art für die einzelnen Bereiche diakonischen

---

23 Vgl. *Zulehner*, Gottesgerücht 53.
24 Vgl. dazu *Haslinger*, Lebensort.
25 Dies gilt gerade vor dem Hintergrund, dass statistischen Erhebungen zufolge nicht wenige Priester ihre Identität in den Bereich von Kult und Organisation verlegen und darin ihre Flucht aus einer menschennahen Seelsorge kultivieren. Vgl. zum Ganzen: *Baumgartner*, Pastoralpsychologie 248–279, hier vor allem 249–251.

Handelns vorstellbar, in denen die Charismenlehre des Apostels Paulus zur Anwendung käme (vgl. 1 Kor 12,4–11). Dadurch wäre die Kirche als Sakrament der Nähe Gottes in einer viel dichteren und zugleich selbstverständlicheren Weise als «Kirche vor Ort» präsent.

e) Es kann eine therapeutische Sakramentalität nur erwachsen aus der spirituellen Einwurzelung ihrer Protagonisten in das Geheimnis der Liebe Gottes. Ohne sie stehen Beratung und Seelsorge in der Gefahr, zur psychosozialen Pragmatik zu degenerieren und damit auch ihre sakramentale Dimension einzubüßen, die darin besteht, die *Liebe Gottes zu bezeugen*. Es ist ja der Papst selbst, der in seiner Enzyklika an den *inneren Zusammenhang von Mystik und Diakonie* erinnert. Ganz auf der Ebene dieses fundamentalen theologischen Beziehungsgefüges hat sich der geltende Pastorale Entwicklungsplan der Diözese Passau als Motto gewählt: «Gott und den Menschen nahe».[26]

«Gott und den Menschen nahe»: Damit ist eine pastoral*theologische Basisformel* gefunden, mit der die Handlungsebene kirchlicher Beratung in das *sakramentale Ganze der Kirche* eingeholt und von daher bestimmt werden kann. In ihrer Hermeneutik wird es möglich, theologisch das verhängnisvolle Schisma kirchlicher Pastoral zu überwinden, das den Ausgangspunkt dieser dogmatischen Anmerkungen bildet. Letztlich sind all diejenigen Handlungsformen der Kirche (wenn auch «suo modo») als *sakramental zu qualifizieren*, in denen die aufhelfende Liebe Gottes erfahrbar wird: um Gottes und der Menschen willen.

---

26 Passau 2000.

Literatur

Arnold, Fritz: Der Glaube, der dich heilt. Zur therapeutischen Dimension des christlichen Glaubens, Regensburg 1983.

Baumgartner, Isidor: Pastoralpsychologie, Düsseldorf 1990.

Benedikt XVI.: Enzyklika «Deus caritas est» (= Verlautbarungen des Apostolischen Stuhls Nr. 171), 25. Dezember 2005.

Biser, Eugen: Die glaubensgeschichtliche Wende. Eine theologische Positionsbestimmung, München [2]1987.

Diözesanfachreferenten der sieben Bayerischen Bistümer (Hrsg.): Ehe-, Familien- und Lebensberatung. Psychologischer Dienst der Katholischen Kirche in Bayern. Aufgabe und Selbstverständnis; Angebot und Nachfrage, o. O. 2006.

Haslinger, Herbert: Lebensort für alle. Gemeinde neu verstehen lernen, Düsseldorf 2005.

Ratzinger, Joseph: Kirche als Volk und Haus Gottes bei Augustinus, München 1954.

Seckler, Max: Das Heil in der Geschichte. Geschichtstheologisches Denken bei Thomas von Aquin, München 1964.

Zulehner, Paul M.: Das Gottesgerücht. Bausteine für eine Kirche der Zukunft, Düsseldorf 1987.

Ders.: Gott ist größer als unser Herz. Eine Pastoral des Erbarmens, Ostfildern 2006.

Ders.: Liebe und Gerechtigkeit. Zur Antrittsenzyklika von Papst Benedikt XVI., Wien 2006.